ALICE NO PAÍS DAS MARAVILHAS E A FILOSOFIA

Cada vez mais e mais curioso

Coordenação de **William Irwin**
Coletânea de **Richard Brian Davis**

ALICE NO PAÍS DAS MARAVILHAS & A FILOSOFIA

Cada vez mais e mais curioso

Tradução:
Camila Zanon

MADRAS®

Publicado originalmente em inglês sob o título *Alice in Wonderland and Philosophy: Curiouser and Curiouser* por John Wiley & Sons, Inc.
© 2010, John Wiley & Sons, Inc.
Direitos de edição e tradução para todos os países de língua portuguesa.
Tradução autorizada do inglês.

Editor:
Wagner Veneziani Costa

Produção e Capa:
Equipe Técnica Madras

Tradução:
Camila Zanon

Revisão da Tradução:
Rafael Varela

Revisão:
Jane Pessoa
Neuza Rosa

Dados Internacionais de Catalogação na Publicação (CIP)
(Câmara Brasileira do Livro, SP, Brasil)

Irwin, William
Alice no País das Maravilhas e a filosofia: cada vez mais e mais curioso/William Irwin, Richard Brian Davis; tradução Camila Zanon. – São Paulo: Madras, 2010.
Título original: Alice in Wonderland and philosophy.

ISBN 978-85-370-0185-1

1. Carrol, Lewis, 1832-1898. Alice no País das Maravilhas
2. Filosofia na literatura 3. Literatura - Filosofia
I. Davis, Richard Brian. II. Título.

10-12444   CDD-823.8

Índices para catálogo sistemático:
1. Alice no País das Maravilhas: Filosofia na literatura 823.8

É proibida a reprodução total ou parcial desta obra, de qualquer forma ou por qualquer meio eletrônico, mecânico, inclusive por meio de processos xerográficos, incluindo ainda o uso da internet, sem a permissão expressa da Madras Editora, na pessoa de seu editor (Lei nº 9.610, de 19.2.98).

Todos os direitos desta edição, em língua portuguesa, reservados pela

MADRAS EDITORA LTDA.
Rua Paulo Gonçalves, 88 – Santana
CEP: 02403-020 – São Paulo/SP
Caixa Postal: 12183 – CEP: 02013-970
Tel.: (11) 2281-5555 – Fax: (11) 2959-3090
www.madras.com.br

Agradecimentos
"Isso é invenção minha" – É, tá!

"Ah, eu tive um sonho tão curioso." Como parece que eu acabei de editar um livro, é melhor que eu mencione alguns indivíduos para um agradecimento especial. Agradeço a Connie Santisteban da Wiley, que sem dúvida ficava tentada (às vezes) a falar as terríveis palavras do Coelho Branco: "Ah, pelas minhas orelhas e costeletas, como está ficando tarde!". Ela não falou. E para Bill Irwin, quem me empurrou – ou me deixou pular – para dentro da toca do coelho. Trabalhar com Bill é doce: "Um tipo de sabor misturado de torta de cereja, creme, abacaxi, peru assado, caramelo e torrada quente com manteiga". Finalmente, às minhas filhas, Madelyn e Emma, que me incentivaram em cada momento. Meu desejo é que vocês duas cresçam e sejam (nas palavras de Megan Lloyd) "imperturbáveis, confiantes, resolutas" como a própria Alice. Para Madelyn e Emma Davis, eu dedico este livro.

Índice

Introdução: Você está atrasado para um importante
encontro marcado 11

PARTE I: "ACORDA, QUERIDA ALICE"

1. Alice rebelde: uma perspectiva feminista de algumas aventuras
no País das Maravilhas 15
Megan S. Lloyd
    Meninas boazinhas não fazem a história 16
    Maternidade não é um requisito 18
    O que Alice faria? 21

2. Geleia ontem, geleia amanhã, mas nunca geleia hoje: sobre
procrastinação, trilhas e... Spice Girls? 25
Mark D. White
    Nunca geleia hoje? 26
    A unidade orgânica de "Wannabe" 27
    Mais Millgram, menos Moore 29
    Mais tarde eu escrevo essa parte... 32
    O que fazemos, então? 34
    "Algumas pessoas têm menos juízo que um bebê!" 35

3. Estrategistas nucleares no País das Maravilhas 37
Ron Hirschbein
    Etiqueta nuclear 38
    O chá maluco 40
    A Rainha de Copas como estrategista nuclear 46
    Grandes mestres do Universo 47

4. "Vocês não passam de cartas de baralho!": Alice não tem um contrato social 49
Dennis Knepp
    A formação clássica do jovem Dodgson 50
    Um mártir paradoxal pela liberdade de expressão 51
    Por que a Rainha de Copas deve gritar 53
    Há uma abordagem melhor? A Rainha me assusta! 55
    Um exame mais cuidadoso do julgamento de Alice 57

PARTE II: "ISSO É LÓGICA"

5. "Seis coisas impossíveis antes do café da manhã" 61
George A. Dunn e Brian McDonald
    "Tudo é tão fora do normal aqui embaixo" 61
    "Pouquíssimas coisas eram realmente impossíveis" 63
    "Não se pode acreditar em coisas impossíveis" 66
    "Tenho um bom argumento para nocauteá-la!" 70
    "Profira seu veredicto!" 73

6. Raciocinando pela toca do coelho: lições de lógica no País das Maravilhas 75
David. S. Brown
    Uma confusão sobre colisões 76
    A Terra da Lógica 77
    Humpty Dumpty e os Novos Ateus 79
        1. Tome cuidado com suas assunções 79
        2. Saiba o que suas palavras significam 79
    Por que ninguém é um Ninguém 81
        3. Não confunda as categorias 81
        4. Não confunda sujeitos e predicados 82
    Ovos verdes e martelos 83
        5. Não confunda condições suficientes e condições necessárias 83
    O duradouro legado da lógica 85

7. Três maneiras de entender errado: indução no País das Maravilhas 87
Brendan Shea
    Como evitar envenenamento e atiçadores em brasa 88
    Por que prever o futuro é um problema 89
    De quem é esse sonho, afinal? 91

Não há sentido nisso, afinal..94
O País das Maravilhas e o mundo real 97

8. Existem língua e linguagem? 99
Daniel Whiting
"Eu fala inglês, não fala?" 99
"Isso não é uma regra geral: você acabou de inventar" 100
"Qual a utilidade de um livro sem figuras ou diálogo?" 103
"Tenho um bom argumento para nocauteá-la"........................105
"A língua vale mil libras por palavra".....................................110

PARTE III: "SOMOS TODOS LOUCOS AQUI"

9. Alice, percepção e realidade: pedras no lugar de gelatina 115
Robert Arp
"O barulho confuso do quintal"..116
"Então ela se sentou, com os olhos fechados, e meio
acreditou que estava no País das Maravilhas".......................118
"Tudo voltaria à simples realidade" 121
"Então ela estava considerando, em sua própria mente...".....122
Percepções são legais, mas a simples realidade
é ainda melhor..124

10. Quão profunda é a toca do coelho?: drogas e sonhos,
percepção e realidade..125
Scott F. Parker
Mas seria uma história sobre drogas? 126
A vida não é senão um sonho?..128
A terra do *real*? 131
O real é falso e o falso é real 136

11. Perspectivismo e tragédia: uma interpretação nietzschiana
da aventura de Alice 139
Rick Mayock
"Importante – não importante – não importante
– importante 140
Tocas de coelho e abismos 141
"Eu não sou eu mesmo, como vê" 142
"Seja o que pareceria ser" 144
"Nenhum peixe sábio iria a qualquer lugar sem um delfim" 146
Simples realidade: a trágica visão da vida" 147

12. Desejar que fosse outra hora: a passagem temporal
em Alice 151

Mark W. Westmoreland
    Agostinho: sempre mudando, sempre agora 151
    Kant: está tudo na sua cabeça 153
    Bergson I: correr para ficar parado 154
    Bergson II: hora do chá 158
    Deleuze: geleia hoje 160

PARTE IV: "QUEM SOU EU NO MUNDO?"

13. *Nonsense* sério 165
Charles Taliaferro e Elizabeth Olson
    Nonsense na filosofia grega antiga 166
    O *nonsense* de Lewis Carroll 168
    Insanidade no verão e no inverno 170
    Os dois gumes da curiosidade 172
    Uma sanidade curiosa e uma curiosidade sã? 173
    Uma objeção 174
    Fomos longe demais com o *nonsense* 175

14. "Memória e *muitice*": Alice e a filosofia da memória 177
Tyler Shores
    "Memória e *muitice* – nossa memória, nosso *self* 179
    Lembrar de esquecer 182
    Memória, sonhos e imaginação: "Cada vez mais
    e mais curioso!" 185
    A partir da memória do futuro, ou em direção ao passado
    a partir da memória? 187

Colaboradores 191
Índice remissivo 197

Introdução
Você está atrasado para um importante encontro marcado

"Você toma a pílula azul", diz Morpheus a Neo no filme *Matrix*, "e a história acaba". "(...) Você toma a pílula vermelha, permanece no País das Maravilhas e eu lhe mostro até onde vai a toca do coelho." É uma oferta tentadora, não é? Todos nós alguma vez na vida já tivemos vontade de *escapar* – seja de um trabalho estúpido e tedioso, de um relacionamento impossível, ou de um mundo no qual temos tão pouco controle sobre o que nos acontece. Talvez seja por razões como essas que nossa cultura tenha se tornado obcecada pela ideia de transcender os confins deste mundo em direção ao frescor de outro. Quer seja por meio de uma pílula vermelha, de uma sala secreta, de um espelho, ou de uma toca de coelho, não importa. Nós aceitamos.

Claro, não queremos apenas saber *até onde vai* a toca do coelho. O que é óbvio; afinal, isso é um portal para outro mundo – "6 mil quilômetros para baixo, eu acho". Queremos também tentar entender o que acabamos *descobrindo* quando aterrissamos "puf! puf!" no País das Maravilhas e atravessamos o espelho. E o País das Maravilhas de Alice é um lugar tão curioso – oh! –, tão cheio de perigos quanto de delícias. Ali encontramos lagartas azuis que fumam narguilés, bebês que se transformam em porcos, gatos cujo sorriso permanece depois de suas cabeças terem sumido, e um Chapeleiro Maluco que fala com o Tempo. Há uma rainha branca que vive de trás para a frente e se lembra do futuro, e há julgamentos nos quais a sentença é proferida primeiro e só depois apresentados a evidência e o veredicto. E é melhor você se comportar muito bem por lá. Afinal, a Rainha Vermelha pensa que decapitar é uma punição adequada para *qualquer* crime!

Até aqui falamos dos perigos do País das Maravilhas, mas e seus deleites? Por que alguém *desejaria* viajar para tal mundo? Como diz o Gato de Cheshire a Alice, você deve ser louca "ou não teria vindo parar aqui". Seria o País das Maravilhas um lugar de puro *nonsense*, ou há um método na loucura de Lewis Carroll? Bem, como observa sabiamente a Duquesa: "Tudo tem uma moral, se você conseguir encontrá-la". E a moral do livro que você está segurando em suas mãos agora é que há riquezas filosóficas profundas a serem encontradas em *Alice no País das Maravilhas* e *Através do Espelho*, respostas para as questões mais importantes da vida, se você tiver o guia certo.

Você não tem de ser azul, uma lagarta, ou estar sob o efeito de narguilés para fazer uma pergunta profunda como "Quem sou eu no mundo?". Como diz Alice, *"Este* é o grande enigma!". De fato é. Como posso saber se esse ou aquele emprego é bom para *mim*, se eu não sei quem *mim é?* De fato, como posso saber quem eu vou me tornar no futuro? (Quase nenhum de nós, ouso dizer, está satisfeito com quem é no presente.) E para saber as respostas para essas questões, eu devo saber quem eu *tenho sido*. Eu devo me lembrar. Mas esse é geralmente meu problema: eu esqueço. O que fazer? O que fazer? Neste livro, os filósofos viciados em Alice vão dar uma limpada nesse ar cheio de fumaça de narguilé e irão ajudá-lo a decifrar os códigos para destravar a sua identidade pessoal. E você vai ficar feliz por terem feito isso.

Conforme for lendo, ficará impressionado ao descobrir por que garotas boazinhas não fazem história (e por que Alice é melhor do que qualquer princesa da Disney); o que a Rainha Vermelha pode nos ensinar sobre estratégia nuclear; o que mais podemos fazer com cogumelos além de comê-los (e que tipo de "viagem" esperar); e como Alice, procrastinação e Spice Girls estão todas conectadas entre si. "Que sensação curiosa!" Você vai poder juntar tudo isso pela primeira vez. Então "Leia-me". Aventure-se a saborear este livro, e se "achar bem legal", recomendamos que você "acabe bem rápido".

Parte I

"ACORDA, QUERIDA ALICE"

Alice rebelde: uma perspectiva feminista de algumas aventuras no País das Maravilhas

Megan S. Lloyd

"Venham para a aula preparadas para discutir e defender sua heroína de contos de fada preferida", eu disse às minhas alunas do curso "Mulheres rebeldes através dos tempos". O curso começou com uma sondagem entre as alunas sobre arquétipos e problemas feministas, mas rapidamente se tornou um fórum de discussão de um grupo de alunas um tanto rebeldes, com idades entre 18 e 22 anos, para debater imparcialmente tópicos como estupro, aborto, assédio sexual, agressão doméstica, relação homem e mulher, anorexia e bulimia, e o significado atual de ser mulher. Durante o período de uma aula, voltamo-nos para o reino dos contos de fada. Com vistas à minha proposição inicial, eu esperava que as alunas escrevessem sobre Chapeuzinho Vermelho ou Cachinhos Dourados, mas a maioria delas escolheu uma princesa da Disney – Cinderela, Ariel, Bela, Mulan –, a maior parte personagens femininas rebeldes que vão contra as regras masculinas impostas. Duas alunas, entretanto, escolheram Alice como personagem rebelde de contos de fada favorita. Elas argumentaram que Alice, diferente de outras heroínas de contos de fada, não tem fada madrinha, nem caçador ou fada encantada – apenas sua própria inteligência e ingenuidade – para perambular pelo País das Maravilhas e manter sua cabeça intacta. Minhas alunas não conhecem Alice por meio de Carroll, mas por meio da Disney, e essa Alice heroína da Disney é uma precursora das fortes Bela e Mulan e opositora da frágil Cinderela e das passivas Aurora e Branca de Neve, que demandam a ajuda masculina para trazê-las de volta à vida e à realidade.

Na versão de Carroll ou na versão da Disney, a jornada de Alice pelo País das Maravilhas tem sido considerada há tempos uma fábula sobre identidade, agência e amadurecimento. A curiosidade e a confiança que Carroll instila em Alice ligam-na a outras mulheres rebeldes que estudamos em sala, como Lisístrata, a Kate de Shakespeare, Emma Bovary, Maria Antonieta, Marilyn Monroe, Hillary Clinton, Sarah Palin, Camille Paglia, Pandora e Eva. A abordagem direta e franca de Alice em relação à vida é estimulante e ao mesmo tempo algo com que minhas alunas conseguem se identificar. Elas entendem a história de uma jovem mulher que tem o mundo diante de si, pronta para embarcar na vida, que muda a si própria, primeiro por meio da comida e da bebida, para se encaixar. Ela se encontra com muitos tipos, testa a si mesma, saboreia a vida em torno de si, e, uma vez que aprende a combinação certa para se encaixar e ficar confortável consigo mesma, recebe as boas-vindas de um belo mundo onde ela possui sabedoria, poder e prestígio.[1]

Meninas boazinhas não fazem a história

Como por instinto, Alice segue o Coelho Branco buraco adentro "sem nem pensar em como é que ela sairia de lá depois".[2] Ao aterrissar, ela não sente medo, em vez disso explora o ambiente e se pergunta quão longa foi sua queda. "Depois de uma queda como essa, vou achar que rolar escada abaixo não é nada!"[3] Essa autoconfiança e espírito resoluto, essa mentalidade de Pandora ou, como alguns diriam, essa veia inconsequente, imprudente, impetuosa é também o tipo de espírito indomável que as jovens apreciam.

Alice rejeita e se liberta das características femininas estereotípicas; ela não está presa nos limites de papéis ou condições. Primeiro,

---

1. Judith Little fala sobre uma Alice feminista e outras heroínas literárias em "Liberated Alice: Dodgson's Female Hero as Domestic Rebel", *Women's Studies* 3 (1976), p. 195-205.
2. Lewis Carroll, *The Annotated Alice: The Definite Edition*, ed. Martin Gardner (New York: W. W. Norton, 2000), p. 12. Todas as referências subsequentes a *Alice no País das Maravilhas* vêm desse texto. [N.T.: Essa obra foi traduzida para o português sob o título *Alice*: edição comentada, publicação de Jorge Zahar Editor (2002).]
3. Ibid., p. 13.

ela rejeita o mundo que sua irmã ocupa; então, em sua jornada pelo País das Maravilhas ela questiona o papel de mãe; e, finalmente, enfrenta figuras masculinas e femininas igualmente poderosas, incluindo a Rainha de Copas, a Centopeia, o Chapeleiro Maluco e o Gato de Cheshire. A atitude confiante de Alice a conduz em segurança pelo País das Maravilhas e ela começa "a pensar que pouquíssimas coisas são realmente impossíveis", uma mensagem que a mulher contemporânea precisa ter em mente.[4] Corajosa, audaciosa, impávida aos perigos que podem existir no País das Maravilhas, Alice é uma curiosa e poderosa garota de sete anos, ansiosa por mergulhar em um novo mundo no qual ela escolhe penetrar. Que maravilhoso modelo para nossas jovens admirarem!

O intrépido comportamento de Alice provoca algumas críticas, entretanto. Na obra de Carroll e na versão da Disney, Alice pode parecer ácida. Como meus alunos acabaram percebendo a partir de nossa sondagem histórica, a sociedade muitas vezes ridiculariza mulheres fortes, interpretando ações assertivas como agressivas e transgressoras. A mulher poderosa e autônoma, para alguns, pode parecer impetuosa, inconsequente e rebelde para outros. De fato, Alice come e bebe o que vê, entra sem pedir licença, intromete-se e senta-se à mesa de chá sem ser convidada, ouve um giz rangendo e o toma da mão de um jurado,[5] usa seu intelecto para resolver problemas e fala o que pensa com bastante frequência – tudo o que uma jovem mulher deveria fazer. Meninas boazinhas não fazem a história, afinal. Alice é assertiva e, infelizmente, quase 150 anos após Carroll tê-la publicado, tanto no País das Maravilhas quanto hoje em dia, essa assertividade pode ainda parecer intromissão, impaciência e agressividade.

Alice não é como as outras figuras femininas das histórias de Carroll e esse contraste atrai as minhas alunas e torna Alice uma importante representante feminina. Mesmo antes de ela entrar no País das Maravilhas, Alice já tinha começado a rejeitar a realidade feminina escolhida pela sua irmã: uma tendência à complacência, enquadrada no papel feminino tradicional. A irmã representa um estereótipo de mulher, aquelas bem-educadas com nada para fazer. Ler um livro "sem figuras ou diálogos" é inútil para Alice, e ela procura outros meios de se ocupar.[6] Depois, ela cogita fazer uma guirlanda de margaridas, mas se pergunta "se o prazer de fazer uma guirlanda de margaridas valeria o trabalho

---

4. Ibid., p. 16.
5. Ibid., p. 111-112.
6. Ibid., p. 11.

de se levantar e colhê-las".[7] De maneira significativa, o Coelho Branco aparece enquanto Alice questiona tal atividade, que não traria resultados produtivos. Nem permanecendo sentada e lendo, nem fazendo guirlandas de margarida, Alice segue o Coelho Branco buraco adentro e assim escolhe uma função ativa dentro do mundo, mesmo que aquele mundo seja o País das Maravilhas.

Maternidade não é um requisito

A jornada de Alice pelo País das Maravilhas começa com a rejeição de um estereótipo feminino, a mulher fútil, personificada em sua irmã lendo para passar o tempo. Continuando a jornada pelo País das Maravilhas, Alice aprende mais sobre o poder da mulher quando ela literalmente abre a porta para si mesma. No capítulo 6, "Porco e Pimenta", Alice se encontra à porta da Duquesa e bate, inutilmente. A conversa entre Alice e o Lacaio-Sapo segue assim:

> "Mas o que *eu* devo fazer?", disse Alice.
> "O que quiser", disse o Lacaio-Sapo, e começou a assobiar.
> "Ah, não adianta falar com ele", disse Alice, impaciente: "É um perfeito idiota!". Então ela abriu a porta e entrou.[8]

Sua incapacidade de entrar na casa pelos meios convencionais e agir com o decoro próprio da mulher, faz Alice questionar sua situação: "Mas o que *eu* devo fazer?". A resposta do Lacaio-Sapo, "O que quiser", abre-lhe todas as possibilidades. Ela, então, aprende que as normas da sociedade que ela deve seguir significam, na verdade, bem pouco. Ela tem o poder dentro de si de fazer o que quiser, um tópico recorrente nas obras de Carroll. A mensagem de Alice para hoje, no País das Maravilhas e no mundo inteiro, é: a mulher pode fazer o que quiser.

O mundo de possibilidades para a mulher, que o País das Maravilhas oferece a Alice, inclui uma perspectiva indiferente em relação à maternidade, que na Inglaterra vitoriana (e em alguns lugares ainda hoje) era a principal função das mulheres. Alice observa o orgulho e as armadilhas da maternidade com bastante distanciamento. A Pomba é responsável pelo primeiro contato de Alice com a maternidade, uma mãe que expressa o sofrimento que advém desse papel. Seu encontro acontece com a Pomba batendo na pescoçuda Alice.

---
7. Ibid.
8. Ibid., p. 59-60.

"Serpente!", arrulhou a Pomba.

"Eu *não* sou uma serpente!", disse Alice, indignada. "Deixe-me em paz!"

"Serpente, eu repito!", disse a Pomba, embora num tom mais contido, e acrescentou, com um soluço, "eu tentei de tudo, mas nada parece satisfazê-las! [...]"

"Eu tentei as raízes das árvores, eu tentei ribanceiras, eu tentei as sebes", continuou a Pomba, sem prestar atenção em Alice, "mas essas serpentes! Não tem o que as contente! [...]"

"Como se não fosse o suficiente ter de chocar os ovos", disse a Pomba, "tenho de ficar esperta com as serpentes, noite e dia! Ora, não prego os olhos faz três semanas!"

"Sinto muito que tenha se aborrecido", disse Alice, começando a entender o significado disso.

"Justamente quando eu escolhi a árvore mais alta da floresta", continuou a Pomba, levantando a voz até um guincho, "justamente quando eu achei que tinha finalmente me livrado delas, elas têm de descer serpenteando do céu! Ugh, serpente!"

"Mas eu *não* sou uma serpente, já falei!", disse Alice, "E sou uma – uma – [...]"

"Eu – Eu sou uma garotinha", disse Alice, bastante incerta, ao se lembrar do número de mudanças pelas quais já tinha passado naquele dia.

"É plausível, decerto!", disse a Pomba em um tom de profundo desdém. "Já vi um bom número de garotas na minha vida, mas nunca *uma* com um pescoço desses! Não, não! Você é uma serpente; e não adianta negar. Suponho que você vá me dizer agora que nunca provou um ovo!"

"Eu *já* provei ovos, claro", disse Alice, que era uma criança bastante sincera, "mas garotinhas comem ovos tanto quanto serpentes, tá. [...]"

"Eu não estou procurando ovos, por acaso; e se estivesse, não ia querer os *seus*."[9]

Nessa conversa, Alice não se compadece da condição da Pomba como uma inclinação maternal poderia exigir; em vez disso, ela se desculpa por tê-la aborrecido. A fala de Alice, "garotinhas comem ovos tanto

---

9. Ibid., p. 54-56.

quanto serpentes", ecoa até mesmo na atual discussão sobre pró-vida/pró-escolha. A Pomba chama a pescoçuda Alice de serpente; ao não rejeitar esse papel em favor do papel materno da Pomba, Alice se alinha com a serpente, predadora de pombas e ovos; rejeita a maternidade, ao menos temporariamente, e reivindica sua autonomia.

Alice depara depois com a vida materna da Duquesa. A feiosa Duquesa embala um bebê barulhento em uma cozinha enfumaçada. Para o leitor contemporâneo, a Duquesa de Carroll figura como um estereótipo da mãe desnaturada, aquela que grita com os filhos, negligencia seu bem-estar (em uma cozinha cheia de fumaça com destroços voando e quase atingindo a criança) e que canta não embalando a criança, mas chacoalhando-a no vai e vem de cada verso. Cansada de seu bebê chorão, a Duquesa finalmente passa o bebê para Alice e vai fazer alguma coisa melhor, como "jogar toque-emboque com a Rainha".[10] Hoje, essa Duquesa poderia ser presa por causar Síndrome do Bebê Sacudido ou ser demonizada, como Britney Spears e Casey Anthony, e ainda ser exposta pela mídia.[11] A própria Alice percebe o quão inapta é a Duquesa para a maternidade, comentando: "Se eu não levar essa criança embora comigo... eles certamente a matarão qualquer dia desses".[12] A indiferença de Alice em relação à Duquesa aparece novamente quando ela fica sabendo que a Duquesa, uma prisioneira da Rainha, está para ser executada.

"Por quê?", disse Alice.
"Você disse 'Que pena!'?", o Coelho perguntou.
"Não, eu não", disse Alice. "Eu não acho que seja uma pena, mesmo."[13]

Alice leva embora o estranho filho da Duquesa, que no fim se transforma em um porco, e seu tratamento indiferente a isso proporciona outra perspectiva da maternidade. Sem arrolo, cócegas ou fala de bebê, ela primeiro repreende a criança, dizendo: "Pare de grunhir, [...] isso não é jeito de se expressar".[14] Diferente de muitas mulheres que se encaixam no estereótipo, Alice não exibe a "síndrome do bebê fofo", que trata qualquer bebê como fofinho, não importa quão feio seja, simplesmente porque é pequenino. De fato, "Alice não gostou mesmo da aparência da coisa".[15]

---

10. Ibid., p. 62.
11. Casey Anthony é uma mãe acusada de assassinar sua filha de dois anos, Caylee.
12. Carroll, *The Annotated Alice*, p. 63.
13. Ibid., p. 84.
14. Ibid., p. 63.
15. Ibid.

"Se você for se transformar num porco, querido," disse Alice, seria mente, "eu não terei mais nada a ver com você. Preste atenção!" [...]

Alice estava começando a pensar, "E agora, o que eu vou fazer com essa criatura quando chegar em casa?", quando ele grunhiu de novo, tão forte, que ela olhou para seu rosto um tanto assustada. Dessa vez, *não* tinha como errar: ele não era mais nem menos do que um porco, e ela sentiu que poderia ser um tanto absurdo continuar a carregá-lo.

Então, ela colocou a criatura no chão, e sentiu-se um tanto aliviada em vê-lo trotar floresta adentro.[16]

Embora eu não vá contratar Alice como babá ou para cuidar do meu bicho de estimação, eu fico feliz em ver uma jovem mostrar esse comportamento em relação a crianças. Nem compadecida pelas reclamações da Pomba, nem surpresa pela prisão da Duquesa, Alice exibe uma compreensão racional e contemporânea da maternidade, uma compreensão que meus alunos compartilham. Para eles, e talvez para Carroll, a maternidade não é um requisito que implica valor.

O que Alice faria?

O espírito independente de Alice a conduz ao mundo todo masculino do chá do Chapeleiro Maluco. "Não há lugar", todos dizem quando a veem se aproximar. Mas isso não a repele nem um pouco. "Tem um *monte* de lugar!", ela declara, "indignada".[17] O chá do Chapeleiro Maluco apresenta uma mulher obstinada no meio de um mundo masculino. Ela depara com uma mesa bagunçada (como coabitantes numa república estudantil, a Lebre de Março, o Arganaz e o Chapeleiro Maluco preferem se mover para o lugar ao lado em vez de lavar a louça), e Alice entende que, enquanto ela estiver livre para fazer a escolha de se juntar a eles, ela não será obrigada a fazer parte do mundo deles.

A interação entre Alice e os convidados do chá do Chapeleiro Maluco é particularmente corrosiva e nos mostra o quanto Alice cresceu (não apenas fisicamente) em sua jornada pelo País das Maravilhas. Ali ela fala de forma mais livre, faz perguntas e objeções ao que é dito, aponta comentários rudes e tenta se inserir no jogo de palavras entre o Chapeleiro, o Arganaz e a Lebre de Março. Ela quer se enturmar com os meninos, e realmente se sai bem nesse mundo masculino de xícaras

---

16. Ibid., p. 63-64.
17. Ibid., p. 69.

e conversa fiada. Entretanto, uma ameaça direta a seu intelecto a força a ir embora. Depois da história do Arganaz, o seguinte diálogo é travado:

> "É, agora você me pergunta", disse Alice, muitíssimo confusa, "Não penso".
> "Então não deveria falar", disse o Chapeleiro.
> Essa grosseria estava além do que Alice poderia aguentar: ela se levantou muito indignada e foi embora.[18]

A interrupção do Chapeleiro Maluco soa de modo bastante familiar para mulheres, mesmo as atuais, que tentam progredir no ambiente de trabalho. Ele exige um raciocínio rápido, mas falha ao não perceber o intelecto de uma menina de sete anos que usou sua própria inteligência para sobreviver até então no País das Maravilhas. O misógino Chapeleiro desrespeita a metódica e contemplativa Alice e, como seus consortes, não poderia se importar menos quando ela parte: "o Arganaz caiu no sono imediatamente, e nenhum dos outros nem sequer percebeu que ela estava partindo".[19] Embora Alice, uma jovem mocinha nessa rede de velhos garotos, não consiga suportar a perseguição, ela parte, "olha[ndo] para trás uma ou duas vezes, meio esperando que eles a chamassem";[20] então ela quer fazer parte do mundo deles, já que olha para trás com algum remorso. Entretanto, sua decisão de abandonar esse ambiente chauvinista a presenteia com o jardim que ela viu assim que chegou ao País das Maravilhas, e com isso vem o respeito. Uma vez no jardim, Alice é respeitada por ser quem é; as cartas fazem reverência diante dela.[21]

Outra afronta ao intelecto de Alice parte de uma figura feminina que exige que ela demonstre estereotipicamente características femininas passivas. Em contraste ao sexista Chapeleiro, que exige que as mulheres pensem em sua presença, mas não lhes dá chance para isso, Carroll apresenta o outro extremo, a Duquesa, que quer que Alice se comporte como uma "loira burra". Graças a Alice, a Duquesa foi convocada para fora da prisão para discutir sobre o Gato de Cheshire. Alice fica surpresa ao encontrar a Duquesa de bom humor, atribuindo seu mau humor à pimenta na cozinha;[22] entretanto, a ausência de um filho e, portanto, dos deveres maternais da Duquesa podem ser o verdadeiro

---
18. Ibid., p. 77.
19. Ibid.
20. Ibid.
21. Ibid., p. 80.
22. Ibid., p. 90.

motivo da mudança em sua disposição. Mesmo sem um filho, a Duquesa ainda irrita Alice, primeiro fisicamente, depois intelectualmente. Várias vezes, Alice menciona o quão "*muito* feiosa" ela é;[23] ela também tem o tamanho exato para pousar o queixo sobre o ombro de Alice, de modo bem desconfortável. A Duquesa caminha com Alice cuspindo moral para qualquer coisa, na verdade clichês irrefletidos para passar o tempo, colocando o queixo sobre o ombro de Alice o tempo todo. Em duas ocasiões a Duquesa questiona o pensamento de Alice. "Você está pensando em alguma coisa, querida, e isso faz com que se esqueça de falar", diz a Duquesa, reforçando o estereótipo da tagarela e encorajando Alice a ser uma também.[24]

> "Pensando de novo?", perguntou a Duquesa, com o seu queixo pontudo novamente [sobre o ombro de Alice].
> "Eu tenho o direito de pensar", disse Alice rispidamente, pois estava começando a ficar um pouco incomodada.
> "Exatamente tanto direito", disse a Duquesa, "quanto porcos têm de voar."[25]

Forçando seu queixo sobre o ombro de Alice, a Duquesa sublinha a irritante repreensão verbal, compartilhada por muitos ainda hoje. Como o Chapeleiro Maluco antes dela, a Duquesa tenta colocar Alice em seu lugar, mas por todo o País das Maravilhas, Alice se transforma, muda e age para satisfazer somente a si.

Alice demonstra seu intelecto em seu último surto de crescimento, quando é chamada para testemunhar no julgamento do Valete. Ali, ela fala o que lhe vem à cabeça para a figura no poder, o Rei, não a Rainha, que a expulsa do tribunal, de acordo com a "Lei Quarenta e Dois – *Qualquer um que meça mais de um quilômetro e meio de altura deve deixar o tribunal*".[26] Ela desafia tal lei com astúcia, permanece para ouvir mais testemunhos e, finalmente, enuncia o que eles realmente são: "Vocês não passam de cartas de baralho!".[27] Sua atitude desafiadora durante o chá foi o que lhe deu acesso ao jardim; esse mesmo movimento desafiador a transporta para a realidade. Uma garota curiosa e inquisitiva no início de sua jornada pelo País das Maravilhas, agora ela cresce novamente e retoma seu tamanho natural. O crescimento físico espelha

---
23. Ibid., p. 91.
24. Ibid.
25. Ibid., p. 93.
26. Ibid., p. 120.
27. Ibid., p. 124.

seu desenvolvimento social, psicológico e emocional. Alice se tornou uma grande e poderosa presença, uma jovem mulher completa que está pronta para desafiar qualquer um, especialmente aqueles que ofuscam a verdade. De fato, a verdade a liberta e a desperta para a realidade mais uma vez.

Imperturbável, confiante, resoluta, sem complexo de Cinderela: Alice não é só uma garota vitoriana fazendo uma aventura; ela é um modelo para a mulher do século XXI. Alice corajosamente adentra um novo mundo e sabe se cuidar. Quem não ia querer uma figura autoconfiante como Alice em quem se espelhar? A irmã de Alice tenta escapar por meio da leitura e do devaneio, mas diferente de Alice, que se atira numa perseguição para dentro da toca do coelho, sua irmã cai numa armadilha feminina, aceitando o que está diante dela e não compreendendo totalmente a força e a oportunidade dentro de si. "Ela sentou-se, com os olhos fechados, e quase se viu no País das Maravilhas, embora ela soubesse que se os abrisse novamente, tudo voltaria à insípida realidade."[28] Sua irmã sonha, mas ela está presa em uma realidade que Alice, esperamos, não vai aceitar. Ao rejeitar guirlandas de margaridas e seguir coelhos brancos, a autoconfiante Alice já percebe as possibilidades presentes no mundo real que ela ocupa. Alice oferece outro mundo para as jovens, um que não tem de ser insípido. O dela é uma realidade em que as mulheres criam suas próprias fábulas, resolvem seus próprios problemas, esperam pelo extraordinário e expressam suas ideias. Diante da continuidade dos maus-tratos e das expectativas estereotipadas, a mulher atual faz bem em se perguntar: o que Alice faria?

---

28. Ibid., p. 126.

Geleia ontem, geleia amanhã, mas nunca geleia hoje: sobre procrastinação, trilhas e... Spice Girls?

Mark D. White

Você gosta do seu trabalho? Embora muitas pessoas digam que sim, o que elas querem dizer exatamente? Acho que querem dizer que gostam de seu trabalho em geral, numa perspectiva ampla, enquanto se encaixa no restante de suas vidas e em seus objetivos. Elas podem ter boas lembranças de momentos em seu trabalho, talvez esperando por sucesso, promoção e prosperidade futuros. Mas se você perguntar às pessoas se elas gostam da experiência do dia a dia em seu trabalho, elas talvez mudem de tom, para algo mais próximo de um lamento. Então você vai ouvir uma ladainha, um pranto sobre a monotonia das infindáveis reuniões e montanhas de *e-mails*, interrompidas apenas pelos momentos de tagarelice regados a café velho de cafeteira ou em torno do bebedouro.

Mas como assim? O que é que tantos dias tediosos podem acrescentar à carreira de coelhos radiantes e saltitantes? Vamos perguntar a Alice, que teve uma experiência semelhante quando a Rainha Branca lhe ofereceu um emprego. Sua fábula pode iluminar um pouco coisas como trabalho, paternidade e atividade física, e até mesmo oferecer alguns *insights* sobre procrastinação, acerca do que – oportunamente – falaremos mais tarde (se falarmos).

Nunca geleia hoje?

Em *Alice Através do Espelho*, a Rainha Branca oferece a Alice um trabalho como "dama de companhia", com um pagamento de "dois centavos por semana, e geleia em dias alternados". Alice argumenta que ela não liga para geleia e, de qualquer maneira, não quer geleia hoje. A Rainha explica: "Você não receberia mesmo que *quisesse*. A regra é geleia amanhã e geleia ontem, mas nunca geleia hoje". Alice, claro, fica intrigada com isso (embora não fique, aparentemente, intrigada com a própria oferta de trabalho), respondendo que *"deve-se* chegar em algum momento à 'geleia hoje'".[29]

Dá para entender essa situação bizarra? Deve-se realmente chegar à "geleia hoje"? Por acaso aconteceu – e eu não mencionaria se não tivesse acontecido, você sabe, então deve ter acontecido – que o filósofo contemporâneo Elijah Millgram, inspirado por nossa querida Alice, escreveu sobre o tal "geleia ontem, geleia amanhã".[30] Em sua visão, o exemplo da introdução – não, não volte e releia, se não nunca vai chegar ao que se segue – seria uma situação do tipo geleia ontem, geleia amanhã. Quando nossa orgulhosa trabalhadora olha para suas experiências profissionais passadas, ela se recorda de coisas boas; quando ela olha para o futuro (logo depois daquela colina, atrás daquelas árvores), ela também vê nada além de felicidade e regozijo. Geleia ontem e geleia amanhã – mas tem geleia hoje? Céus, não – em bom português, para a trabalhadora de nosso exemplo, hoje é um saco. (Ela não está lendo este livro, obviamente. E você? Não está feliz por estar lendo?) Não há geleia hoje para a nossa extenuada trabalhadora, nem em qualquer outro dia no qual ela se encontre.

Millgram argumenta que muitas experiências na vida nos parecem assim: muito boas quando nos lembramos ou projetamos, mas bem triviais ou absolutamente ruins no momento atual. Ele menciona a paternidade, que a maioria das pessoas – mesmo os *seus* pais, eu apostaria, se eu fosse de apostar, o que eu não sou – vai dizer que é uma aventura

---

29. Lewis Carroll, *Through the Looking-Glass and What Alice Found in There*. In: *Alice's Adventures in Wonderland and Through the Looking-Glass* (Oxford: Oxford University Press, 1971), p. 174-175. Todas as citações futuras se referirão a um dos dois livros – nunca a ambos e nunca a nenhum dos dois, isso eu asseguro.
30. Elijah Millgrim, "Virtue for Procrastinators". In: *The Thief of Time: Philosophical Essays on Procrastination*, Chrisoula Andreou e Mark D. White, eds. (Oxford: Oxford University Press, 2010), p. 151-164.

maravilhosa e transcendental. Elas devem estar olhando para o passado, em suas tentativas de conduzir a sua prole em direção à responsabilidade social e a uma boa carreira na indústria de *fast food*, ou planejando seu futuro e ansiando por uma vida cheia de amor incondicional, abraços calorosos que nunca terminam e batatas fritas de graça. Mas a maior parte das tarefas do dia a dia que criar um filho envolve é, na melhor das hipóteses, trivial, e na pior, nojenta: trocar fraldas, limpar baba, servir de chofer e pagar fiança.

Outro exemplo que Millgram oferece é a caminhada. (Reflita, ele é professor em Utah – eles fazem muita trilha por lá.) Entusiastas das trilhas – ou seja, habitantes de Utah – esperam ansiosos pelo dia da caminhada e, depois que terminam, olham para aquela experiência de maneira apaixonada, mas em qualquer momento durante a trilha, eles estão suados, os pés doem ou eles percebem: "Nossa, eu estou fazendo trilha – devo estar em Utah". De novo, geleia ontem, geleia amanhã, mas nenhuma geleia hoje. Então, como uma série de momentos, nenhum deles particularmente agradável, pode culminar em uma experiência da qual você se lembra como maravilhosa ou anseia porque acha estimulante? E isso tem alguma coisa a ver com Utah?

A unidade orgânica de "Wannabe"

Vamos atravessar o oceano – onde não é possível escalar, aliás –, do Utah de Millgram para a Inglaterra de Alice, lugar onde viveu um dia um filósofo chamado G. E. Moore (1873-1958).[31] Moore talvez seja mais conhecido por descrever o *sofisma naturalista*, dizendo que as propriedades naturais não implicam bondade moral (o que, eu acho, deveria encerrar todo o problema das trilhas de uma vez por todas).[32] Mas a ideia de Moore em que estamos mais interessados aqui é aquela que ele chamou de *unidade orgânica*, que não tem nada a ver com vegetais supercaros e camisetas com estampas de maconha, mas com a maneira pela qual o valor de uma "totalidade" se relaciona com os valores de cada uma das partes que a compõem.[33]

É comum dizer – ué, eu disse isso outro dia e eu sou uma pessoa bem comum – "o todo é maior que a soma de suas partes". Pense em

---

31. Bizarramente, Mr. Moore, batizado George Edward por seus abençoados pais, preferia ser chamado Bill, enquanto o editor desta série, Bill Irwin, prefere ser chamado Sally. Para quem eu sempre digo, exceto quando eu não digo, que mesmo nesse caso eu ainda não vou chamá-lo Sally.
32. G. E. Moore, *Principia Ethica* (Cambridge, UK: Cambridge University Press, 1903), p. 10.
33. Ibid., p. 27-31.

qualquer grande banda de *rock* – os Beatles, Led Zeppelin, as Spice Girls, faça sua escolha –, mesmo que cada um dos membros dessas bandas seja muito bom, algo especial surge quando se juntam. Os quatro garotos de Liverpool certamente criaram músicas muito boas sozinhos, depois que a banda acabou, mas poucos vão dizer que qualquer uma delas se compara à produção conjunta. O mesmo aconteceu com Led Zeppelin, Kiss, The Rolling Stones – e certamente nenhuma das Spice Girls apareceu sozinha com uma "Wannabe", apareceu?

Ainda que Moore não tenha usado o argumento "Wannabe" – pelo menos não no trabalho que publicou, embora um maiô com a bandeira da Grã-Bretanha tenha sido encontrado entre os seus pertences –, ele generalizou esse sentimento, escrevendo que "o valor de uma totalidade não deve ser considerado igual à soma dos valores de suas partes",[34] e denominou essa totalidade de "unidade orgânica".[35] Com isso ele quer dizer que a totalidade tem um valor próprio em virtude de ser uma coisa distinta *em* e *de* si mesma, um valor que não pode ser encontrado em suas partes. O talento vocal de Robert Plant certamente tem seu valor, assim como as habilidades musicais de Jimmy Page, John Paul Jones e John Bonham, mas Led Zeppelin como banda tinha um valor que transcendia o valor conjunto de seus membros. Há um valor criado pelos quatro ao colaborarem no estúdio ou no palco que simplesmente não existe quando eles tocam separadamente, e isso é o que Moore tinha em mente.[36]

Isso tudo é muito bom – mas e se nem todas as partes do todo forem boas? E se algumas forem boas e outras forem medianas, ou muito ruins? Moore faz a seguinte consideração: "É certo que uma totalidade formada de uma coisa boa e de uma coisa indiferente pode ter um valor imensamente maior do que aquele que a coisa boa tem sozinha. E do mesmo modo, coisas indiferentes podem também ser os únicos

---

34. Ibid., p. 28. Essa citação estava em itálico no original. – ele realmente queria dizer isso mesmo.
35. Moore se vê diante de uma situação difícil, pois o termo "orgânico" tinha um significado diferente naquela época, graças aos filósofos, especialmente aqueles que afirmam ter obtido grande proveito dos escritos de Hegel (referência ao filósofo G. W. F. Hegel, 1770-1831, de quem eu afirmo com bastante frequência ter tirado grande proveito, mas à custa de um preço ainda maior). Acredito que ele – Moore, não Hegel – soa bastante carrollesco ao contar sua luta com a terminologia: "Eu disse que a relação peculiar entre a parte e o todo que eu tenho tentado definir ainda não recebeu um nome que a distinga. Seria útil, portanto, que ela tivesse um; e há um nome que lhe é apropriado, se pudesse ser divorciado do infeliz uso que se faz dele no presente" (Ibid., p. 30).
36. Claro que todo mundo sabe que o *hit* das Spice Girls em 1996 "2 Becomes 1" [2 se tornam 1] foi na verdade um inteligente tributo a Moore e às unidades orgânicas. (Sério, uma das Mels me contou uma vez, mas eu não me lembro qual.)

constituintes de uma totalidade que tem grande valor, negativo ou positivo".[37] Pense no Wham! – e você pensou que eu não podia descer mais. Embora aparentasse não ter nenhum valor próprio, Andrew Ridgely realmente contribuiu para o sucesso inicial de George Michael. E mesmo que nenhum dos membros sozinho do U2 pudesse sobreviver cantando em funerais, os quatro juntos produzem música que (por mais implausível que isso soe – literalmente!) tem apelo para algumas pessoas que ainda respiram.

Moore não consegue descartar nem mesmo a possibilidade de que "a adição de uma coisa ruim a um todo bom pode aumentar o valor positivo do todo, ou a adição de uma coisa ruim a outra igualmente ruim pode produzir um todo com valor positivo", embora ele ache que ambos são "improváveis".[38] Isso faz certo sentido – não se coloca um cantor ruim para melhorar uma banda (você está ouvindo INXS?). E certamente não se consegue uma boa banda composta por quatro músicos ruins – afinal, mesmo os caras do U2 não são músicos *ruins*, por isso, juntos, eles têm lá seus encantos. Mesmo assim, colocar um quinto membro em uma banda de quatro, mesmo que ele não seja o melhor, pode "completar" o grupo – quero dizer, sério, Posh Spice é mesmo capaz de *cantar*? Mas você não consegue imaginar as Spice Girls sem ela, consegue? (Vai lá, tenta... não lhe disse?).[39]

Mais Millgram, menos Moore

Então vamos voar de volta para Utah e nos juntar ao amigo Elijah Millgram e à ideia de geleia-ontem-geleia-amanhã, considerando as experiências cotidianas. Como isso se conecta a Moore? Lembre-se de que determinadas situações são vistas como boas somente na lembrança ou nos planos futuros, mas nunca durante a sua experiência. O problema, então, é este: como é que um número de experiências, nenhuma delas consideradas boas naquele momento em questão, culminam numa experiência que é lembrada ou almejada como boa? As experiências são as partes e a memória ou antecipação é a totalidade, portanto Millgram tem mais a ver com Moore do que aparenta afinal!

Certamente, uma experiência de vida como a paternidade ou o trabalho pode ser considerada uma unidade orgânica – uma totalidade

---

37. Moore, *Principia Ethica*, p. 28.
38. Ibid.
39. Tá, tá, eu sei, esse é um livro sobre *Alice no País das Maravilhas*, mas você tem de admitir, as Spice Girls eram quase tão absurdas a ponto de poder figurar em algum dos clássicos infantis de Lewis Carroll, não eram? (Mr. Burton... você conhece Miss Bunton?)

cujo valor não é necessariamente igual à soma do valor de suas partes. Isso seria fácil de aceitar se todas as partes – as experiências momentâneas – fossem ao menos indiferentes, ou algumas fossem boas, senão extraordinárias. Suponha que eu passe um ano em outro país ajudando os necessitados (como eu desejo fazer de tempos em tempos – quando o Tempo chegar, claro, e *ele* ainda não chegou), e depois me perguntem sobre a experiência em geral. Se cada dia foi no mínimo agradável (lendo para os cegos, digamos), mas houve alguns dias fantásticos (devolvendo a visão aos cegos), então eu poderia razoavelmente concluir que o ano que eu passei – extremamente altruísta, eu concordo, embora não goste de mencioná-lo – foi bom. Ainda seria razoável dizer isso, mesmo que tenha havido um ou outro dia ruim (eu não conseguir achar alguém que precisasse da minha ajuda simplesmente porque eu fiz *isso* muito bem), pois poucas experiências no mundo real que duram qualquer tempo decentemente suficiente são isentas de momentos de infelicidade ou desventura. (Pense nos filmes do Keanu Reeves, geralmente brilhantes, mas cheio de desventuras.)

Mas na versão mais extrema do que estamos discutindo, pessoas que "gostam" de situações geleia-ontem-geleia-amanhã *nunca* têm geleia hoje. Se eu viajasse para outro país e não conseguisse ajudar ninguém, mas depois eu dissesse que "Foi maravilhoso, queria que você estivesse lá", você acharia que eu sou mentiroso ou insano (mas ainda assim sincero). Minha resposta seria ainda mais absurda – talvez até Spice Girls absurda – se eu tivesse ficado doente enquanto estivesse lá, passando alguns dias (ou mesmo todos os dias) de profunda infelicidade. Mas Millgram argumenta, sem ser nem um pouco absurdo, que as experiências de longo prazo como paternidade e trabalho podem ser em geral exatamente assim, cheias de experiências momentâneas ordinárias ou até mesmo ruins, mas descritas em retrospecto ou em prospecto como boas.

Será que Moore pode nos ajudar? Perto do fim de *Principia Ethica*, ele faz uma distinção bastante sutil (como filósofos geralmente o fazem – lembre-me de lhe falar algum dia sobre a *intencionalidade* e a *intensionalidade*, se precisar ficar sóbrio) entre "o valor que uma coisa possui '*como uma totalidade*', e aquele que ela possui '*na totalidade*'".[40] O valor de uma coisa "em sua totalidade" refere-se ao seu valor total,

---

40. Moore, *Principia Ethica*, p. 214. Humpty Dumpty soa de maneira muito semelhante ao filósofo ao dizer "quando uso uma palavra, ela significa exatamente o que eu quero que ela signifique – nem mais nem menos" (Carroll, *Through the Looking-Glass*, p. 190).

enquanto seu valor "como uma totalidade" refere-se ao valor extra que é agregado precisamente quando se torna essa totalidade, muito além do valor de suas partes. (Note que ele não menciona o valor de uma coisa em sua "tocalidade", porque Alice dificilmente é uma coisa, e não seria nada educado chamá-la assim, não é?)

Isso realmente não acrescenta muito Moore ao que já sabíamos antes, mas nos ajuda a organizar algumas ideias. Cada um dos membros do The Rolling Stones tem seu próprio valor – especialmente Keith Richards, claro, mas isso nem precisava ser dito, precisava? –, mas coloque-os todos juntos e a banda tem um valor "como uma totalidade" que a torna mais do que a simples soma de suas partes. Andrew Ridgely não era grande coisa, mas havia alguma coisa mágica – em termos de valor "como uma totalidade" – quando ele colaborava com George Michael, que tornou Wham! mais do que simplesmente George mais Andrew (ou seja, o próprio George). Finalmente, o valor das Spice Girls "como uma totalidade" deve ter sido *bastante* alto, dado que o valor individual de cada membro – a julgar pelas suas "carreiras" solo – era, devemos dizer, *não* muito alto. (O "bastante" deve estar correto, mas o "alto", certamente não!)

Mas o verdadeiro benefício dessa terminologia é o que ela acrescenta à situação geleia-ontem-geleia-amanhã: se cada experiência momentânea é ruim, mas a experiência total ao longo do tempo ("na totalidade") é vista como boa (seja antes ou depois), então o valor da experiência toda "como uma totalidade" deve ser tremendamente alto, certo? Afinal, se você empilhar todas as partes negativas, a cada hora e a cada dia, terá uma boa quantia de valor negativo (ou *desvalor*, em oposição a *datvalue**) que deve ser ultrapassada pelo maior valor positivo "como uma totalidade" para acabar com um valor positivo "na totalidade".

Mas isso é possível? (O quê – você não conhece o Sílvio? Eu até gosto dele, cara agradável, embora ele não goste de ser chamado de "bundão".) É um pouco como perguntar se dois erros fazem um acerto, não é? Como exemplo, Moore sugere a instituição da punição, na qual um mal – um crime ou um remix estendido de um dos últimos *singles* de Andrew Ridgely – é seguido de outro mal – uma punição ou a música ambiente do lado B do álbum mencionado – para servir à justiça (ou

---

*N.T.: *Datvalue* ou *datevalue* é um termo utilizado em uma função com a finalidade de registrar a data e a hora de operações realizadas em *websites*. O autor está brincando com os termos *devalue*, traduzido como "desvalor", e *datvalue*, que não tem tradução para o português. A brincadeira consiste em opor o desvalor, produzido pela soma dos valores negativos, à sucessão dos dias e das horas, expresso pelo termo *datvalue*.

para limpar a pista de dança para um campeonato de taco às 17 horas).[41] Mas, nesse caso, o segundo mal, a punição, pode até ser considerada uma coisa boa, um dever do Estado na verdade, embora fora desse contexto em particular ela fosse certamente um mal. Lembre-se de que a Rainha Branca pergunta a Alice se ela já tinha sido punida, ao que Alice responde "apenas por malcriações". A Rainha Branca então diz "e você ficou muito melhor depois disso, eu sei!".[42] Putz – acabamos de estragar nosso exemplo, mas isso só confirma nosso juízo de que dois erros *não* fazem um acerto.

Claro, isso não nos ajuda com o paradoxo geleia-ontem-geleia-amanhã – ainda menos com a contínua popularidade do U2 –, mas não podemos esperar resolver agora todos os mistérios da civilização. (Já fizemos tanto até agora, afinal, e não está nem na hora do café da manhã.) Mas vamos para o porquê de Elijah Millgram ter suscitado esse problema, para começar (e nunca para terminar, só para ter certeza) – a procrastinação.

Mais tarde eu escrevo essa parte...

Para filósofos, a procrastinação é um quebra-cabeça de magnitude carrolliana, embora seja um quebra-cabeça muito comum (tipo Sudoku, mas não tão divertido) – afinal, deve ter havido alguma razão para o Coelho Branco estar tão atrasado no início das aventuras de Alice! Outra filósofa contemporânea – e, numa perversa conspiração, também entusiasta das trilhas de Utah –, Chrisoula Andreou, define procrastinação como "aqueles casos de atraso nos quais alguém deixa para depois ou adia indefinidamente o que esse alguém deveria – relativo à sua finalidade e conhecimento – ter feito antes".[43] Em outras palavras, você sabe que deveria fazer algo agora, mesmo assim você adia para mais tarde. Isso não soa tão estranho, soa? Nós agimos contra a nossa consciência o tempo todo: comemos massa demais, bebemos demais, dormimos com muitos... Estudantes universitários (levantem as mãos para que eu possa vê-los, aí estão) tendem a ser particularmente procrastinadores frequentes, e presumivelmente acham esse comportamento ainda menos intrigante. (O.K., podem abaixar as mãos agora.)

---

41. Moore, *Principia Ethica*, p. 216.
42. Carroll, *Through the Looking-Glass*, p. 176.
43. Chrisoula Andreou, "Understanding Procrastination", *Journal for the Theory of Social Behavior* 37 (2007), p. 183.

Mas filósofos são diferentes, como pode perceber (e não só os adeptos das trilhas). Eles pensam que, se uma pessoa julga que um curso de ação em particular é o melhor, e é possível tomar esse curso de ação, então, *óbvio*, aquela pessoa o tomará; fazer o contrário seria *irracional*.[44] Mas ainda mais óbvio – ou *mais* mais óbvio, se você forçar um pouquinho –, aquela pessoa, e muitas como ela, *não* tomam esse curso de ação, escolhendo comer um doce a mais, assistir a mais uma hora de *Survivor* – ou adiando qualquer coisa que elas precisem fazer *agora*. Em geral, esse tipo de comportamento é conhecido como fraqueza de vontade ou *acrasia*, e quando se trata de adiar atividades, especificamente, ele se torna procrastinação.[45]

Então, temos um comportamento que é, por um lado, extremamente comum (mesmo entre pessoas extraordinárias), e, por outro, totalmente contra a lógica do senso comum sobre como fazemos as escolhas. É para dentro dessa toca de coelho que Millgram se atira, argumentando que muita procrastinação acontece em relação a situações geleia-ontem-geleia-amanhã "porque a motivação humana é relativamente atrelada a compensações que são concretamente visíveis no momento (ou momentos). Não necessariamente *neste* momento: somos geralmente (não sempre!) muito bons em adiar um prazer quando podemos ver um caminho que conduza a alguma satisfação, e também quando conseguimos vislumbrar que essa satisfação, fantasiada de bondade ou de valor aparente, estará presente naquele momento futuro. Quando a compensação total ou futura, entretanto, pode ser vista apenas (por assim dizer) nas extremidades da visão periférica – do mesmo modo que uma compensação do tipo geleia-ontem-geleia-amanhã geralmente é vista – a motivação acaba sendo pouco atrelada a ela".[46] Portanto, é exatamente porque não há geleia hoje – e nós queremos geleia *hoje* – que nós procrastinamos quando temos de fazer coisas que só vão trazer geleia num futuro nebuloso e distante.

Por exemplo, eu sei que vou me lembrar com ternura da experiência de ensinar, mas de alguma forma eu não consigo evocar esse

---

44. Veja Donald Davidson, "How Is Weakness of the Will Possible?". In: *Essays on Actions and Events* (Oxford: Oxford University Press, 1980), p. 21-42.
45. Sobre fraqueza de vontade, veja Sarah Stroud and Christine Tappolet, eds., *Weakness of Will and Practical Irrationality* (Oxford: Oxford University Press, 2003). A propósito, Stroud tem um capítulo em *The Thief of Time* (p. 51-67) intitulado "Is Procrastination Weakness of Will?", no qual argumenta que procrastinação não é na verdade fraqueza de vontade, mas eu não consigo encontrá-lo agora... Ah, eu o procuro depois, embora eu saiba que tenho de fazer isso agora – se ao menos minha vontade não fosse tão fraquinha. (Que cara de pau...)
46. Millgram, "Virtue for Procrastinators", p. 155.

sentimento terno e nebuloso quando uma pilha de provas sem corrigir está olhando para mim (e *Spiceworld* está passando na TV de novo). Ou, para usar uma anedota de Millgram, "a pessoa pode amar seus filhos, e amar criá-los, e não ter vontade de levantar da cama para preparar o café da manhã, vesti-los e levá-los para a escola – embora criar filhos *seja* na maior parte do tempo executar tarefas como essas". E isso leva à procrastinação: "Se o bom do trabalho, ou de criar filhos, fosse visível naquele momento, ninguém teria os problemas que tantas pessoas têm em fazer a obrigação daquele momento. Mas o que é bom não é visto no momento... [portanto] certo tipo de procrastinação é uma resposta perfeitamente compreensível para a estrutura de tantas e importantes situações humanas".[47]

O que fazemos, então?

O.k., entendemos por que procrastinamos e acabamos perdendo Tempo – *ele*, claro, não *isso* –, mas agora o que *fazer* a respeito? Há algum modo de usar a ideia de que muitas situações cotidianas são de natureza geleia-ontem-geleia-amanhã para vislumbrar um jeito de contorná-la? Millgram tem algumas respostas para isso também, baseadas em dois exemplos: vida universitária e (*snif*) trilha.[48]

    Formatura é uma coisa estranha – mais ou menos como um desfile de rua, só que ninguém o manda deitar com a cara no chão, eu acho –, já que uma estudante pode "desfilar" na cerimônia, mesmo se ela não tiver terminado os requisitos do seu programa; se ela não concluí-lo, terá andado por nada (talvez por um pouco de exercício). E um estudante certamente não precisa ir à cerimônia de formatura para conseguir seu diploma – qual é o ponto, então? Millgram oferece a resposta de que a formatura fornece uma motivação – às vezes distante, mas certa – para que se persista até conseguir concluir o ensino superior, que é, para a maioria dos estudantes, uma situação de geleia-ontem-geleia-amanhã. (Muitos graduados se lembram com ternura de seus anos de faculdade, embora eu imagine que as únicas experiências das quais eles realmente gostaram foram de natureza extracurricular, principalmente as no *espírito* de biologia ou química.) Como ele nota muito bem, "Se os estudantes tivessem de tomar suas decisões a cada momento, como ler um livro, ou escrever um artigo, ou assistir às aulas, com base nas contribuições intangíveis à sua educação, certamente eles adiariam as tarefas

---

47. Ibid.
48. Acho que estou pronto para escrever *Trilhas e Filosofia*, você não acha? Mas será que estou pronto para me mudar para Utah? Eu ouvi dizer que eles *realmente* têm jazz lá.

desagradáveis para algum outro momento".[49] Assim, uma elaborada cerimônia é inventada para fornecer uma brilhante luz no fim do túnel, sempre lá, para motivar os desmotivados a alcançá-la: nenhuma geleia hoje, *per se*, mas "o nítido caminho para a satisfação posterior", o que é quase tão saboroso (e certamente menos nutritivo).

Com relação a trilhas, a ideia é ainda mais direta: como trilhas são uma situação do tipo geleia-ontem-geleia-amanhã, aspirantes a trilhadores são muito capazes de levantar os braços e dizer: "Ah! Vamos voltar – meus pés estão doendo, eu estou suado, e eu nem sou de Utah", e por aí vai. Mas acontece que as trilhas populares – sabe, como aquelas que costumavam ouvir no colegial – têm marcos, como pitorescos pontos de observação ou formações rochosas, que fornecem um objetivo para o trilhador, mesmo que nenhum deles seja o "real" objetivo da trilha. ("Oh, querido, eu estou tão feliz por termos visto *de novo* aquelas formações *rochosas* que parecem o Bono."[50]) "Mesmo assim", escreve Millgram, "essas trilhas são melhores quando há um objetivo preestabelecido que serve como ponto de retorno. É mais fácil manter a motivação necessária para uma trilha satisfatória de um dia... quando há um fim temporário predefinido."[51] Afinal, mesmo Alice diz para o Gato de Cheshire que ela não se importa com o lugar para onde vai, desde que chegue a *"algum lugar"*![52]

O ponto desses exemplos é que, para prevenir a procrastinação em relação a essas situações de geleia-ontem-geleia-amanhã, deve-se obter algum tipo de "geleia hoje", um objetivo temporário, de curto prazo, para motivar a ação momentânea. As formações rochosas e as cerimônias de formatura fornecem essa "geleia hoje" que motiva o trilhador e o estudante a se manter conectado, em vez de adiar a trilha ou os estudos para outro dia. Lembre-se, essa não é uma cura para todo tipo de procrastinação, mas quando se pensa em situações geleia-ontem-geleia-amanhã, geleia hoje parece ser a solução óbvia.

"Algumas pessoas têm menos juízo que um bebê!"[53]

No final – não, não feche o livro, eu ainda não acabei –, Alice não aceita a generosa oferta de emprego. Mas se ela tivesse aceitado, você acha

---

49. Millgram, "Virtue for Procrastinators", p. 159.
50. Hmm... Acho que é possível usar as palavras "Bono" e "*rock*" na mesma sentença.
51. Millgram, "Virtue for Procrastinators", p. 159.
52. Carroll, *Alice's Adventures*, p. 57.
53. Assim disse Humpty Dumpty. Veja Carroll, *Through the Looking-Glass*, p. 185.

que ela correria o perigo da procrastinação? Possivelmente não, porque embora houvesse "nunca geleia hoje", haveria um salário regular, que poderia ser suficiente para motivar a jovem Alice a cumprir suas obrigações com distinção e pontualidade. Mas, no mundo real – embora haja dias em que eu tenho lá as minhas dúvidas a respeito dessa coisa de "mundo real", para falar a verdade (e não me deixe alongar muito sobre "verdade") –, nós realmente encontramos um monte de situações geleia-ontem-geleia-amanhã. Se Elijah Millgram nos ensinou alguma coisa – que não seja essa coisa *cool* de trilhas filosóficas – é que nós temos a chance de derrotar esse padrão, se o reconhecermos pelo que ele é, e garantir que nós recebamos um pouco de geleia hoje para nos motivar. Mas tenha cuidado com qualquer geleia que tenha escrito no rótulo "Coma-me" – pergunte para Alice![54]

---

54. *Isso* é o que eu chamo de final escorregadio.

Estrategistas nucleares no País das Maravilhas

Ron Hirschbein

Alice riu. "É inútil tentar", ela disse, "não se *pode* acreditar em coisas impossíveis".

"Tenho de dizer que você não praticou o bastante", disse a Rainha. "Quando tinha a sua idade, eu sempre praticava por meia hora todos os dias. E às vezes acreditava em até seis coisas impossíveis antes do café da manhã."[55]

Junte-se a mim nessa caçada a estrategistas pela toca do coelho e através do espelho, para dentro de um reino desprovido de restrições empíricas, lógicas e morais. Participe do maluco chá de Destruição Mútua Assegurada e jogue jogos linguísticos – você é isso! Trafegue por eufemismos e jargões sem sentido; seja alvo de trocadilhos semânticos e enigmas estranhos. Testemunhe jogos bizarros e tente acreditar em coisas impossíveis. Cuidado com a Rainha Vermelha! Como os estrategistas, ela tem uma "queda" por decapitar inimigos. Mas não entre em pânico quando eles colarem a carta "Eixo do Mal!" na sua testa – eles não passam de cartas de baralho, certo? Finalmente, conforme atravessar o espelho, você descobrirá que é um peão de verdade num tabuleiro ficcional de xadrez – sem regras.

Vamos visitar os estrategistas durante aquele transtorno bipolar conhecido como Guerra Fria. Vamos ver o que eles estavam fazendo enquanto a Guerra Fria esquentava, e vamos dar uma espiada nas cartas

---

55. Lewis Carroll, *Through the Looking-Glass and What Alice Found There* (Philadelphia: Henry Altemus Company, 1887), p. 102-103.

que eles tinham na manga durante os dias finais. Mas não tão rápido: tenha modos!

Etiqueta nuclear

"Eu não estou entendendo muito bem", ela disse da forma mais educada que conseguia.[56]

Não perca seu tempo tentando falar sem jargão. A psicóloga Carol Cohn se aventurou pela toca do coelho e passou um ano inteiro em um instituto estratégico. Ela aprendeu o jargão nuclear, mas não se esqueceu de sua língua materna: "Eu prometi falar inglês. (...) Não importava quão específicas minhas perguntas fossem... se eu falasse de maneira simples em vez de usar o jargão técnico, eles me respondiam como se eu fosse ignorante e simplória".[57]

Uma língua sem jargão não é falada nem mesmo durante o chá. Alice poderia estar falando sobre estrelas da estratégia quando disse: "O comentário do Chapeleiro parecia não ter sentido, mas ainda assim era com certeza em inglês". Não era culpa de Alice, e não é sua. Estrategistas jogam o que Ludwig Wittgenstein (1889-1951) chamou de sedutores jogos de linguagem. (*Alice no País das Maravilhas* era a obra em prosa favorita do filósofo austríaco.)[58] Ele não estava pensando em Scrabble, e não há nada pejorativo sobre os jogos de linguagem que geralmente jogamos. Para proferir uma distinção filosófica, há jogos e jogos. Julguemos os jogos em termos de suas consequências. Certos jogos levam ao *nonsense* ou pior. É por isso que Wittgenstein, ao arbitrar jogos de linguagem, prometeu ensinar como "passar de um *nonsense* dissimulado para algo que é claramente *nonsense*".[59]

Toda língua tem um subconjunto de línguas especializadas com regras e movimentos únicos. Imagine: você ouve por acaso uma conversa entre dois homens falando sobre "A" e "D". É claro que eles estão

---

56. Lewis Carroll, *Alice's Adventures in Wonderland* (London: Macmillan, 1898), p. 100.
57. Carol Cohn, "Nuclear Language and How We Learned to Pat the Bomb", *Bulletin of the Atomic Scientists* (Jun. 1987), p. 22. Agradeço a Cohn pela narrativa sobre o ano que passou no instituto estratégico.
58. Veja Ludwig Wittgenstein, *Philosophical Investigations* (New York: Macmillan, 1965), sobre jogos de linguagem. Alguns autores fazem conexões entre *Alice* e Wittgenstein. Veja, por exemplo, Christopher Barry Gray, "Alice in Wittgenstein", *Journal of Value Inquiry* 29 (1985), p. 77-78.
59. Ludwig Wittgenstein, *Philosophical Investigations: The German Text with a Revised English Translation*, 3. ed., trad. G. E. M. Anscombe (Malden, MA: Wiley-Blackwell, 2001), p. 113.

falando inglês, mas você não entende nada até que percebe que "A" e "D" são pseudônimos – um jogo de linguagem – entre um carpinteiro e seu ajudante: "A" é o martelo e "D" é o prego – sem problema. Tal jogo tem bons resultados – uma mesa nova. Agora, considere os filósofos que Wittgenstein critica. (Depois de participar de um encontro de filosofia, meu filho disse: "Você já ouviu a piada da coruja? E a balbúrdia dos filósofos?") Wittgenstein era experiente nesses jogos que essas confusões jogam – jogos que não se fundamentam em fatos verificáveis. Em disputas sobre noções etéreas como livre-arbítrio, Deus e imortalidade, de acordo com Wittgenstein, os filósofos presos a tal tradição literalmente não sabem o que estão falando. Ainda assim, há regras e movimentos específicos essenciais para se jogar um jogo sem fim, uma competição em que não é possível perder ou ganhar. Encantados pela linguagem em si, tais jogos levam a uma interminável confusão, se não ao *nonsense*. Estrategistas, como esses filósofos tradicionais, jogam jogos privados de linguagem. Desconectados da realidade, esses jogos se movem de acordo com sua aceleração própria – se ao menos os resultados fossem mera confusão.

Portanto, não se preocupe com os fatos. Não há nenhum. Como o filósofo Jacques Derrida (1930-2004) disse com uma clareza atípica: "Uma guerra nuclear jamais aconteceu: só se pode falar e escrever sobre ela".[60] Não há fatos sobre combates nucleares, e (como veremos) o "fato" de que o arsenal nuclear *necessariamente* previne a guerra é baseado em uma falácia corrente. Como Bernard Brodie (um antigo estrategista) lembrou seus colegas, ninguém nunca experimentou uma troca nuclear: "No contexto da guerra termonuclear, tudo é novo e qualquer arma militar jamais foi essencialmente testada".[61]

Wittgenstein sabiamente avisou: "Aquilo sobre o que não podemos falar devemos ignorar em silêncio".[62] Estrategistas não ficam em silêncio. Eles propagam seus "cenários" com histórias simuladas – o que lhes confere seriedade. Lewis Carroll escreveu em um gênero similar de literatura *nonsense* – mas ele tinha consciência do que estava fazendo.

---

60. Citado por John Canaday. In: *The Nuclear Muse* (Madison: University of Wisconsin Press, 2000), p. 222.
61. Bernard Brodie, "Influence of Mass Destruction Weapons and Strategy", apresentado à Naval War College, maio 3, 1956 [Reimpresso no National Security Archive's Nuclear History Project].
62. Ludwig Wittgenstein, *Tractatus Logico-Philosophicus*, trad. D. F. Pears e B. F. McGuinness (London; New York: Routledge, 2001), p. 89.

Devemos nos apressar se quisermos alcançar o coelho. Não há tempo para aprender o Jabberwocky* nuclear. A festa está para começar. Só posso dar mais algumas dicas. Alice tinha uma tendência ingênua a falar inadvertidamente. Você pode evitar tais indiscrições ao camuflar sua fala com sofisticados eufemismos. Lembre-se: estrategistas são aspirantes a realistas, alérgicos à realidade:

- Os Estados Unidos não lançaram bombas atômicas sobre o Japão, eles usaram dois *dispositivos* – Fat Man e Little Boy – para acabar com a guerra. (Esses nomes soam como combos no Big Boy,** não armas de destruição em massa.)
- Nunca diga "Departamento de Guerra"; o nome foi mudado para Departamento de Defesa com o advento da Era Atômica. Na verdade, não fale sobre guerra absolutamente – soa como se alguém pudesse se machucar.
- Soa desastroso mencionar baixas civis. Isso é apenas dano colateral (e não é pior do que ter uma baixa taxa de crédito).
- Lembre-se, o nome do míssil MX foi mudado para "Peacekeeper" [pacificador]. (Continha dez ogivas da paz [*peaceheads*, em inglês] cada uma delas com 500.000 quilotons).
- Nossos dispositivos são defensivos, um guarda-chuva nuclear – conforto em um clima internacional inclemente. Os deles são ofensivos.
- Nunca esqueça, qualquer estratégia – não importa quão provocativa – é sempre de intimidação. A intimidação não apenas defende o país contra agressão; ela *previne* agressão por meio da persuasão hostil.

O chá maluco

"Mas eu não quero ficar com gente maluca", comentou Alice.
"Oh, não há como evitar", disse o Gato, "somos todos malucos aqui. Eu sou louco. Você é louca".
"Como sabe que sou louca?", perguntou Alice.
"Você deve ser", respondeu o Gato, "ou não teria vindo parar aqui".[63]

---

*N.T.: Jabberwocky é um poema *nonsense*, presente no primeiro capítulo de *Alice Através do Espelho* e aparece no livro que a personagem folheia. O poema está escrito na direção contrária, e Alice só consegue lê-lo porque o coloca diante do espelho. Muitas das palavras do poema foram inventadas por Carroll.
**N.T.: Rede americana de *fast food*.
63. Carroll, *Alice's Adventures*, p. 90.

Como Alice, você terá de invadir a festa – especialmente se precisar de um corte de cabelo. Apenas homens de mesma mentalidade são convidados. A festa, claro, começa com um enigma: *Por que é seguro ter armas de certo tipo e número se não é seguro usá-las?*[64] Estrategistas respondem com o encômio de Churchill a armas apocalípticas. No mundo de acordo com Churchill, o prospecto de destruição mútua assegurada adentra um milagre que supera a promessa do Cristianismo – a paz na Terra *sem* a boa vontade entre os homens. "Por um processo de sublime ironia [nós] alcançamos um estado em que a segurança será o filho robusto ou o terror, e a sobrevivência, o irmão gêmeo da aniquilação."[65]

Filósofos são um pouco desconfiados sobre linguagem e lógica: eloquência não é um substituto para um raciocínio duvidoso. Numa linguagem simples, Churchill e os outros estão dizendo: *Para reduzir o risco de guerra nuclear, o risco tem de ser aumentado*. O filósofo Richard Rorty (1931-2007) chamaria essa contradição (ou paradoxo, para ser benevolente) de vocabulário final dos estrategistas. Essa noção de intimidação é o termo final e autoevidente no chá maluco da destruição mútua assegurada. Diferente dos filósofos – vexados pelo radical e persistente autoquestionamento –, estrategistas não "questionam o lugar-comum que reveste o uso de um dado vocabulário final". O filósofo se preocupa "sobre a possibilidade de que ele tenha sido iniciado na tribo errada [ou] tenha sido ensinado a jogar o jogo de linguagem errado".[66]

Como Alice, filósofos ficam incomodados com as contradições e a prosa ininteligível, especialmente quando nenhum esforço é feito para resolver as contradições e para expressar de forma clara e distinta. Lewis Carroll se divertia com contradições; Wittgenstein ficava estupefato; mas o estrategista Edward Luttwak (um influente conselheiro do Pentágono) enfeitiça. O *nonsense* literário de Carroll nos liberta das amarras da lógica e do senso comum por algumas horas felizes. O *nonsense* de Luttwak zomba da análise lógica e empírica das realidades inflexíveis da era nuclear.

> A prática estratégica pode ser libertada da influência ilusória da lógica do senso comum. (...) Isso oferece o prospecto de uma liberação eventual das falsas disciplinas da consistência e da coerência.[67]

---

64. Esse enigma emerge de um *insight* em Cohn.
65. Citado em "Minimum Nuclear Deterrence", SAIC Strategic Group, Washington D.C., 15 maio, 2003.
66. Richard Rorty, "Ironists and Metaphysicians", In: *The Truth about the Truth*, ed. Walter Truett Anderson (New York: Putnam, 1995), p. 101-102.
67. Edward Luttwak, *Strategy: The Logic of War and Peace* (Cambridge: Harvard University Press, 1987), p. 3.

Isso não é um convite para uma divagação sobre a dialética hegeliana que resolve contradições. Hegel (1770-1831), seguido de Marx (1818-1883), argumentou que as contradições inerentes ao pensamento e à vida são dinâmicas, e podem gerar uma grande síntese que resolve a contradição. (Marx esperava que o agravamento das contradições do capitalismo seria resolvido pelo socialismo – ainda estamos esperando.)

Mas como o Chapeleiro Maluco, Luttwak encontra grande graça em contradições *insolúveis*. Ele reitera um provérbio latino: "Se queres a paz, prepara-te para a guerra".[68] Mas por que não: *Se queres a guerra, prepara-te para a guerra*? Tal discussão pode pôr um fim no feitiço do jogo de linguagem de Luttwak.

Estrategistas preparam-se para a guerra. Eles jogam jogos perigosos. Um ato de equilíbrio – o Delicado Equilíbrio do Terror – é um jogo de linguagem favorito.[69] Estrategistas saem da realidade e vão para um mágico *tour* de mistério em que abstrações apenas se referem a outras abstrações. (Quando "terrorismo" passou a ter uma publicidade ruim, o nome foi mudado para "equilíbrio de poder" para encobrir a culpa.) O que é o equilíbrio de poder exatamente? Wittgenstein advertiu contra a tentativa de resolver tais confusões insolúveis. Quanto terror é necessário para assegurar que "a segurança será o filho robusto do terror"? A questão é acaloradamente disputada. Um pouco de terror e os soviéticos não vão entender a mensagem – ficar com medo, muito medo; terror demais e os soviéticos terão incentivo para atirar primeiro. (Se essa disputa o lembra sobre as conjecturas acerca de quantos anjos podem dançar na cabeça de um alfinete, você entendeu direito.) Equilíbrio faz sentido quando se pensa em balanças de laboratório ou em equações algébricas – verifique o peso ou faça as contas. Mas como disputas sobre o equilíbrio entre forças nucleares podem ser resolvidas? Será mesmo que o terror – ainda mais o terror nuclear – pode ser devidamente definido ou reconhecido?

Tanto Lewis Carroll quanto Ludwig Wittgenstein reconheceriam tais disputas como sedutores jogos de linguagem jogados com palavras sem sentido – *nonsense* literário. Tal *nonsense* deleita Carroll, irrita Wittgenstein, e conduz estrategistas à beira do abismo.

Será que o Chapeleiro Maluco e os outros fingiram ser malucos para confundir Alice? Seria essa a jocosa intenção de Carroll? Quem sabe? O que sabemos é que de vez em quando oficiais americanos

---

68. Ibid.
69. Veja o influente artigo de Albert Wohlstetter, "The Delicate Balance of Terror", *Foreign Affairs* 37 (Jan. 1959), p. 211-234.

consideraram fingir-se de malucos para confundir os inimigos – e isso fica cada vez mais curioso. Nixon teve seu turno de Vamos Nos Fingir de Loucos. De acordo com o confidente de Nixon, H. R. Haldeman, o presidente jogava a carta do louco para obter concessões dos vietnamitas.

> Estávamos andando numa praia nevoenta. (...) Ele (Nixon) disse "eu chamo isso de teoria do Louco,* Bob. Eu quero que os norte-vietnamitas acreditem que cheguei ao ponto de fazer qualquer coisa para parar a guerra. Vamos espalhar entre eles que, pelo amor de Deus, você sabe que Nixon é obcecado pelo comunismo. Que não conseguimos refreá-lo quando está irado – e que ele tem a mão sobre o botão nuclear".[70]

Estrategistas não são malucos de verdade, mas eles ficam imprudentemente doidos quando alcançam aquela garrafa com o rótulo BEBA ISSO! Talvez um programa de doze passos seja necessário para curar o vício deles. Fred Iklé, um estrategista e elaborador de políticas, acredita nisso:

> Análise estratégica funciona como um narcótico. Ela engana nosso senso de ultraje moral sobre o trágico confronto de arsenais nucleares preparados... para lançar um genocídio desenfreado.[71]

Iklé tem motivo para se preocupar. Estrategistas como Thomas Schelling jogam um jogo que *eles* chamam roleta russa.[72] (Alguém precisa fazer um vídeo chamado "Estrategistas Muito Loucos".) Schelling se vangloria de que ele e seus colegas do Pentágono arriscaram uma guerra nuclear ao confrontar os soviéticos em Berlim e em Cuba. É assim que eles pensam. É assim que o mundo poderia acabar num estrondo, e não em um vale de lágrimas – Lewis Carroll teria adorado isso: "Ele pensa que nós achamos que ele vai nos atacar, portanto ele acha que nós atacaremos, assim ele vai nos atacar, então devemos atacar".[73]

---

*N.T.: O termo em inglês traduzido por Louco é *Madman*. Mad, além de significar louco, também é a sigla (MAD) para Mutually Assured Destruction (Destruição Mútua Assegurada).
70. Veja a narrativa de Louis Beres sobre esse episódio em *Apocalypse* (Chicago: University of Chicago Press, 1980), p. 68-70.
71. Citado por Greg Herken. In: *Counsels of War* (New York: Oxford University Press, 1987), p. 349.
72. Citado por Richard K. Betts. In: *Nuclear Blackmail and Nuclear Balance* (Washington D.C.: The Brookings Institution, 1987), p. 1.
73. Thomas C. Schelling, *The Strategy of Conflict* (New York: Oxford University Press, 1963), p. 207-209.

Durante a Guerra Fria todo presidente teve sua chance e girou o tambor.[74]

De qualquer forma, o mundo chegou mais perto de uma conflagração nuclear durante a crise dos mísseis de Cuba. Khrushchev inesperadamente recuou – antes vermelho que morto. Schelling olhou para o abismo e gostou do que viu. Ele tem certeza de que lutar na beiradinha ensinou aos soviéticos uma lição: uma América resoluta podia ganhar a competição de roleta russa.[75]

Estrategistas mais temerosos acham que as coisas poderiam ter dado errado; a intimidação poderia ter falhado. Consequentemente, eles conjuraram planos de defesa civil. Então, nem o País das Maravilhas de Alice nem o País das Maravilhas Nucleares são ambientes livres de drogas. Incapaz de dizer "Não!", Alice experimentou. Há muito tempo estrategistas esconderam 60 milhões de doses de morfina para facilitar a viagem dos infelizes sobreviventes para o outro mundo. Esse programa (que cheirava a realismo) foi descarga abaixo quando Nancy Reagan começou sua guerra contra as drogas.[76]

Não sabemos o que a Lagarta estava fumando quando encontrou com Alice. Mas você imagina o que os autores de um estudo do Lawrence Livermore National Laboratory estavam fumando se você ler *Worker Protection for a Nuclear Attack with 30 Minutes (or Less) Warning*. (Duvido que a Rainha Vermelha acreditaria nisso.) De acordo com o estudo, é possível sobreviver a um ataque nuclear – *mesmo no grau zero* – se você pular em um lago: "Pule dentro de um profundo lago e nade (a pelo menos 1 metro ou 1,5 metro da superfície) o mais que puder, saindo periodicamente para tomar fôlego".[77] O estudo recomenda a prática de suas habilidades aquáticas e vestir-se adequadamente para suportar a água fria. Os autores reconhecem que águas profundas podem não estar disponíveis. Mas nem tudo está perdido. Os trabalhadores podem se empilhar uns sobre os outros, aumentando as chances de quem está embaixo sobreviver. (Trabalhadores do mundo, uni-vos! Vocês não têm nada a perder além de suas vidas.)

Agora, há sábios na festa que acham que a destruição mútua assegurada não funciona na teoria. Reconhecidamente, ela está cheia de

---

74. Betts, *Nuclear Blackmail and Nuclear Balance* (Washington D.C.: The Brookings Institution, 1987).
75. Veja minha narrativa sobre esse episódio em "The Essence of Indecision". In: *What If They Gave a Crisis and Nobody Came?* (Westwood: Praeger, 1997).
76. *New York Times*, 3 Jul. 2009, p. 3.
77. David W. Gregg, *Worker Protection for a Nuclear Attack with 30 Minutes (or Less) Warning* (Washington: National Technical Information Service, 1984), p. 6.

contradições, abstrações, faz de conta e riscos desnecessários – mas não precisa pular no lago. A intimidação por meio da destruição mútua assegurada não funciona na teoria, mas funciona na prática. O argumento é deveras simples:

1. A América tem seu arsenal nuclear desde 1945.
2. Nenhuma guerra aconteceu entre a América e a União Soviética depois de 1945.
3. Portanto, o arsenal evitou uma Terceira Guerra Mundial.

Ahá! A clássica falácia *Post hoc ergo propter hoc* (*Depois disso, portanto, por causa disso*). Alunos iniciantes de lógica entendem: O galo cantando não faz o sol levantar. Alguns oficiais importantes reconhecem a falácia. O almirante Eugene Carroll (um comandante da Otan) advertiu:

> Não é verdade que a guerra tem sido evitada apenas pela ameaça nuclear. Há muitas outras práticas militares, fatores políticos e econômicos que pesam contra o superpoderoso conflito e que são mais eficientes do que a inacreditável abstração da intimidação nuclear.[78]

Em geral, estrategistas ignoram explicações alternativas; pior ainda, eles negligenciam o óbvio: correlação não *necessariamente* prova causalidade. Você não é bem-vindo no chá maluco da destruição mútua assegurada a menos que seja verdadeiramente um homem de fé: *somente* o arsenal nuclear americano evitou a Terceira Guerra Mundial. Como Alice, para participar da festa, você tem de fazer vista grossa para o óbvio. Se não conseguir, então se torna um provocador.

Imaginemos que você acredita que, de acordo com os argumentos dos estrategistas, o arsenal nuclear evitou uma guerra entre Estados Unidos e Canadá. Para acreditar em tal *nonsense*, você deve fazer vista grossa para um fato proeminente: exceto por algum incidente desagradável durante a Guerra de 1812, não há precedente para guerra entre essas duas nações. Então por que negligenciar outro fato proeminente? Com exceção da invasão americana da Sibéria em 1919, não há precedente para guerra entre Estados Unidos e a União Soviética.

Ou você está quebrado, ou está num dia de sorte. Lembre-se dos estrategistas que, para provar que as armas nucleares asseguraram a paz,

---

78. Eugene Carroll, "Nuclear Weapons and Deterrence". In: *The Nuclear Crisis Reader*, ed. Gwyn Prins (New York: Vintage, 1984), p. 4.

eles precisariam construir uma máquina do tempo, retornar a 1945, tirar as armas nucleares de cena, e esperar pelos resultados. (Mesmo o Pentágono talvez não financie tal maluquice.) É inútil. Jogos de linguagem estratégicos são imunes à crítica. Para imitar Alice, você promete: "Eu nunca mais vou *lá* de novo! (...) É o chá mais estúpido que eu já fui em toda a minha vida!".[79]

Agora você tem sérios problemas: conheça a Rainha de Copas.

A Rainha de Copas como estrategista nuclear

A Rainha só tinha um jeito de acabar com os problemas grandes ou pequenos. "Cortem-lhe a cabeça!", ela dizia, sem nem mesmo olhar para os lados.[80]

Como a Rainha de Copas, estrategistas são obcecados. Durante a Guerra Fria, eles defendiam armas projetadas para decapitar a liderança soviética. Desde quando Barry Goldwater brincou sobre lançar uma bomba na sala dos homens do Kremlin, estrategistas fantasiavam sobre decapitar os líderes do Império do Mal. Dick Cheney e Donald Rumsfeld promoveram a estratégia com sucesso: "Um elemento central da estratégia da Administração Reagan para combater uma guerra nuclear seria decapitar a liderança soviética atingindo os maiores políticos e oficiais militares".[81] A inesperada rendição pacífica da União Soviética deixou uma lacuna no campo inimigo. Seriam as armas nucleares ainda uma necessidade? Os estrategistas tinham cartas na manga – eles jogaram as cartas de "Inimigo". A Guerra do Iraque reavivou um antigo costume: desenhar inimigos nas cartas do jogo. Como Alice, você encontrará cartas de baralho. Durante os terríveis dias da Guerra Fria, estrategistas jogaram Josef Stalin, Nikita Khrushchev, Mao Tsé-Tung e Ho Chi Min. Hoje eles jogam Saddam Hussein, Osama Bin Laden e Mahmoud Ahmadinejad.

Mas olhe para as cartas mais de perto. O que você vê? Como o Gato de Cheshire, a fisionomia de Hitler aparece aqui e ali. O pintor austríaco que se tornou *führer* é um inimigo imortal reencarnado nos inimigos da América, reais ou imaginados. A administração de Bush advertia que Hussein era Hitler reencarnado, e recentemente ouvimos que o novo Hitler fala farsi.

---

79. Carroll, *Alice's Adventures*, p. 74.
80. Ibid., p. 125.
81. James Mann, "The Armageddon Plan", *The Atlantic Monthly* (Mar. 2004), p. 31.

Armas nucleares foram desenvolvidas em resposta à ascendência de Hitler, e o arsenal é atualizado em resposta à imortalidade sucedânea de Hitler. Ele é o verdadeiro inimigo: poderoso e sanguinário, um psicopata desprovido de humanidade – justamente temido e odiado. Esse inimigo tão formidável exige armas tão formidáveis.

A Rainha de Copas ainda está gritando. Ignore-a. Não engula a propaganda que fazem os inimigos parecerem maiores que a vida – e que a morte. Quando eles jogarem a carta Hitler, lembre-se do lampejo de realidade da crescida Alice:

"Cortem-lhe a cabeça!", a Rainha gritou o mais alto que podia. Ninguém se mexeu.

"Quem liga pra você?", disse Alice, (ela tinha crescido até seu tamanho normal nessa hora). "Vocês não passam de cartas de baralho!"[82]

Grandes mestres do Universo

Alice levantou sem falar, olhando em todas as direções do país – e que país interessante ele era... Ele é marcado em todas as direções, como um tabuleiro de xadrez...

"É um enorme jogo de xadrez, o que está sendo jogado – ele se estende por todo o mundo."[83]

Junte-se a Alice em sua aventura final através do espelho. Ela o deixará sem palavras. Espie o jogo global dos estrategistas – *há* certa finalidade nisso. Os homens que controlam o destino da Terra realmente têm marcado o planeta em todas as direções – como um tabuleiro de xadrez. É uma partida jogada ao longo de todo o mundo, mas nós não somos os jogadores. Vivemos num tempo de grandes decisões, mas não somos nós que decidimos.

Pobre Alice: invisível às estranhas e indiferentes forças operando contra sua vontade e pelas suas costas. Ela desejava reconhecimento, *qualquer* reconhecimento, mesmo daquele impotente peão. Seu desejo ficcional é nossa enervante realidade: *somos* peões – peões descartáveis. Herman Khan (cujo avatar é Dr. Fantástico) argumenta em uma obra louvada por Brent Scowcroft e pelo temível Donald Rumsfeld:

---

82. Carroll, *Alice's Adventures*, p. 116.
83. Carroll, *Through the Looking-Glass*, p. 46.

A possibilidade – tanto ameaçadora quanto perversamente reconfortante – de que mesmo se 300 milhões de pessoas fossem mortas em uma guerra nuclear, ainda restariam mais de 4 bilhões com vida. (...) Um poder que atinge significativa superioridade estratégica é mais provável que sobreviva à guerra, talvez até mesmo a "vença"... estendendo sua hegemonia – ao menos por um tempo – sobre a maior parte do mundo.[84]

Você vai testemunhar uma versão bizarra de xadrez rápido: um campeonato com uma semelhança mórbida à corrida armamentista. As peças são governadas por suas próprias regras, e novas e estranhas peças são jogadas conforme a corrida acelera e implanta novas armas. Espelhando o País das Maravilhas de Alice, a corrida armamentista se move cada vez mais rápido, mas tudo permanece como está – a vulnerabilidade sem precedentes dos Estados Unidos à destruição nuclear. Nenhuma estratégia inteligente, nenhuma imitação das armas fantasiosas de Guerra nas Estrelas resolve a condição nuclear – *a América permanece indefesa*. Os jogadores deveriam ter percebido que a única forma de ganhar é não jogar o jogo.

Como Alice, os estrategistas nucleares adentraram um mundo desconhecido "sem considerar sequer como é que... [eles] sairiam de lá depois".[85] As aventuras de Alice tiveram um fim, um fim feliz – ela escapou da loucura e voltou à inocente infância. Mas, ai de nós, nenhum fim feliz está assegurado para nós, peões descartáveis presos no jogo estratégico. Somos personagens reais presos na ficção dos estrategistas – uma história sem fim.

---

84. Herman Kahn, *Thinking about the Unthinkable in the 1980s* (New York: Simon and Schuster, 1984), p. 93.
85. Carroll, *Through the Looking-Glass*, p. 46.

"Vocês não passam de cartas de baralho!": Alice não tem um contrato social

Dennis Knepp

Alice finalmente escapa do País das Maravilhas quando, ao crescer mais de um quilômetro e meio (nas palavras do Rei de Copas), ataca os membros desse tribunal tão absurdo.[86] Normalmente é errado atacar os membros de um tribunal de justiça, mas as circunstâncias que envolvem Alice são qualquer coisa, menos normais. Alice está completamente correta ao atacar essas cartas que querem lhe fazer mal.

Não é só o elenco de personagens malucos; não é só o veredicto injusto. Há muito mais. A ideia básica de estado de direito não se aplica a Alice; ela não é parte daquele mundo. Ela não tem um contrato social no País das Maravilhas.

Um "contrato social" é uma teoria de filosofia política que responde à questão "Por que devo obedecer à lei?" ou "Por que é que temos leis?". Um contrato social é um acordo implícito em obedecer à lei.

---

86. *Alice's Adventures in Wonderland* foi originalmente publicado em 1865. Para este ensaio, usarei a edição *The Annotated Alice: Alice's Adventures in Wonderland and Through the Looking-Glass*, de Lewis Carroll, com introdução e notas de Martin Gardner (New York: Bramhall House, 1960). O Rei diz que Alice tem "mais de um quilômetro e meio de altura" no capítulo XII, Alice's Evidence, p. 156.

É implícito porque não dizemos em alto e bom som: "Eu prometo obedecer à lei". Isso não é dito; apenas o assumimos.

Em uma sociedade livre como a nossa, há apenas três opções: pode-se ir embora; pode-se tentar mudar as leis; ou não fazer nenhuma das duas coisas e implicitamente concordar em obedecer às leis. Isso é o contrato social.

Essa ideia recua até o julgamento de Sócrates (469-399 a.C.) na Atenas antiga.[87] Apesar de achar que o júri já estava contra ele antes mesmo do julgamento começar, Sócrates aceitou o veredicto de que era culpado – da acusação de corromper a juventude – e sua terrível sentença: morte. Mas por quê? Porque ele concordou em viver de acordo com as leis mesmo sem tê-lo explicitado. Ele nasceu lá, cresceu lá, educou-se lá e defendeu aquele lugar; chegou a lutar em um exército para defender Atenas. Ele nunca saiu de lá e nunca tentou mudar as leis. Em suma, Sócrates tinha um contrato social com Atenas – um acordo implícito em obedecer às suas leis quaisquer que fossem as consequências.

Mas isso não se aplica à Alice. Ela não nasceu no País das Maravilhas; não cresceu ou foi educada lá; não é uma imigrante que se muda para lá por vontade própria – ela literalmente caiu no lugar! Das três opções em uma sociedade livre (sair, mudar as coisas ou concordar implicitamente em obedecer), Alice está desesperadamente tentando sair. Ela não tem um acordo implícito a obedecer, portanto, ela não tem um contrato social. Ela tem todo o direito de usar a violência contra o tribunal.

Lewis Carroll conhecia o julgamento e a morte de Sócrates: era um inglês com formação clássica.

A formação clássica do jovem Dodgson

"Lewis Carroll" é o pseudônimo de Charles Lutwidge Dodgson (1832-1898). Depois da morte de Charles Dodgson (Lewis Carroll), seus irmãos e irmãs abordaram Stuart Dodgson Collingwood, um parente que conhecia Charles, e pediram para ele que escrevesse uma biografia.[88]

Como a biografia revela, a educação do jovem Charles incluía os clássicos latinos. Aos 12 anos, Charles foi mandado para a Richmond

---

87. Platão (428-328 a.C.) é o autor mais importante para o nosso conhecimento sobre o julgamento e morte de Sócrates – especialmente seus diálogos *Êutifron*, *Apologia*, *Críton* e *Fedro*. Minha interpretação da vida e do julgamento de Sócrates é fortemente influenciada pela obra de I. F. Stone, *The Trial of Socrates* (New York: Doubleday, 1989).

88. "É com merecida confiança que eu aceitei o convite dos irmãos e irmãs de Lewis Carroll para escrever sua Biografia" (Stuart Dodgson Collingwood, *The Life and Letters of Lewis Carroll* [New York: The Century Co., 1898], republicado por Gale Research Company [Detroit: Book Tower, 1967], p. ix).

School.[89] Collingwood escreveu na biografia: "Como era o costume naquela época, Charles começou a compor versos em latim em uma idade bastante precoce, o primeiro documento data de 25 de novembro de 1844".[90] Collingwood cita então seis versos do poema de Charles em latim "tendo como assunto o anoitecer" e zomba dos erros gramaticais. Esses homens viveram em um tempo e lugar em que ler poesia latina era normal. Nós, não. E como Collingwood não nos conta quais eram os erros, só consigo ficar impressionado com o fato de um garoto de 12 anos tentar escrever seis versos em latim.

Em fevereiro de 1846, Charles foi enviado à Rugby School.[91] Enquanto esteve lá, criou várias revistas diferentes para circulação interna. Quando estava com 17 ou 18 anos, ele criou *A Retórica do Guarda-chuva*. Collingwood escreveu: "A melhor coisa em *A Retórica do Guarda-chuva* foi uma paródia do estilo de Lord Macaulay em 'Lays of Ancient Rome'; Charles tinha uma aptidão especial para a paródia, como é evidenciado por vários dos versos mais conhecidos em seus últimos livros".[92]

Assim, na adolescência, Charles já estava escrevendo paródias com base em sua formação clássica. Como Lewis Carroll, ele terminaria as aventuras de Alice com um julgamento absurdo. Mesmo Carroll não tendo dito isso, seus leitores pensariam no julgamento de Sócrates porque todos eles compartilhavam essa formação clássica.

Um mártir paradoxal pela liberdade de expressão

O estranho e provocador Sócrates tem sido um herói para os filósofos e dissidentes por meio da história. Sócrates não escreveu nada; ele conversava. Ficava na ágora de Atenas. Essa palavra de origem grega pode ser traduzida como mercado, mas essa tradução pode fazer parecer que ele passava seus dias numa mercearia. É melhor pensar em Sócrates frequentando uma praça.

Muitas cidades pequenas nos Estados Unidos (aquelas que surgiram antes da Segunda Guerra Mundial) ainda têm uma praça central. É lá que acontece tudo de importante; é onde há festas públicas (como os fogos do 4 de julho); é o lugar para ficar sabendo das melhores fofocas; é onde os carros são exibidos; é onde os desfiles começam; é o lugar para se conectar com a vida na cidade.

---

89. Collingwood, *Life and Letters*, p. 21.
90. Ibid., p. 23.
91. Ibid., p. 26.
92. Ibid., p. 36.

E os antigos atenienses apreciavam estar conectados. Eles inventaram a democracia participativa, aberta a todos os cidadãos (não apenas aos ricos!), e aqueles que não participavam eram chamados de *idios* ou "privados". Nesse lugar vibrante e efusivo, o excêntrico Sócrates conversava e discutia com todo mundo. Ele se via numa missão divina de fazer com que os prósperos atenienses questionassem suas crenças sobre a virtude e a natureza da alma.

Mas enquanto Sócrates era um produto dessa aberta e estimulante democracia, ele também era um ferrenho crítico dela. Sócrates admirava a fechada e intolerante cidade rival, Esparta. Quando ele questionava as pessoas sobre bondade, coragem ou justiça, sempre acontecia de suas respostas serem conflitantes ou vagas. Sócrates era sempre capaz de encontrar algum exemplo ou situação que fazia aquelas respostas parecerem inadequadas. Isso não é surpreendente. Mesmo hoje, muitas pessoas tentam ser boas ainda que não consigam definir o que significa ser uma boa pessoa em cada circunstância concebível.

Eis uma variação de um exemplo favorito em ética. Ética é a parte da filosofia que estuda a bondade e seus termos relacionados. É comum dizermos: "Honestidade é a melhor política", e minha esposa e eu ensinamos aos nossos filhos a sempre dizer a verdade. Parece óbvio que uma boa pessoa deva dizer a verdade. Agora, suponha que a Rainha de Copas tivesse feito o meu curso de Lógica e sido reprovada. Isso não seria uma surpresa, pois os personagens de Carroll são deliciosamente ilógicos. De qualquer forma, suponha que a Rainha de Copas, muito brava, toque a minha campainha e minha esposa, Jen, atenda. A Rainha pede para falar comigo em relação à sua reprovação em Lógica. Jen vê os soldados de cartas todos armados e ela conhece o hábito da Rainha de cortar a cabeça de qualquer um que a desagrade. O que Jen deveria fazer? Ela sabe que uma boa pessoa deve falar a verdade, mas ela também sabe que uma mentira me protegeria. Como é que ser uma boa pessoa resulta numa resposta falsa? Como é possível que fazer a coisa certa às vezes não signifique ser uma boa pessoa? O que significa ser uma boa pessoa?

Eu não sei as respostas. Ética é um negócio difícil. E, na Atenas antiga, as tentativas de definir ideias filosóficas fundamentais falharam sob o escrutínio dialético negativo de Sócrates. I. F. Stone (1907-1989) escreveu: "Para Sócrates, se você não é capaz de definir alguma coisa com uma compreensão invariável, então você não a conhece de verdade".[93] E se os atenienses não sabiam o que significava ser bom, corajoso ou

---

93. Stone, *The Trial of Socrates*, p. 68. Essa é a primeira linha do capítulo 6, apropriadamente intitulado: "A Wild Goose Chase: The Socratic Search for Truth".

justo, então eles não deveriam estar governando a cidade. Sócrates era contra a democracia em favor de uma ditadura benigna sob o poder de alguém que conhecesse as definições corretas de bondade, coragem e justiça.

Embora Sócrates só falasse e falasse, alguns de seus admiradores agiram e o ajudaram nas subversões temporárias da democracia. Por isso e muito mais, Sócrates, aos 72 anos, foi acusado de impiedade e corrupção da juventude, condenado, e sentenciado à morte por envenenamento. Ele foi uma das primeiras vítimas da ironia da democracia: que em uma sociedade livre qualquer um deveria ter o direito de criticar abertamente essa sociedade. Sócrates paradoxalmente consegue ser, ao mesmo tempo, o mártir e o oponente da liberdade de expressão.[94]

Alguém pode achar que Sócrates se oporia abertamente ao tribunal e a suas leis. Mas ele não o fez. Ele aceitou o veredicto. Ele abraçou sua desgraça iminente. Depois, seu amigo Críton tentou tirá-lo da prisão. No diálogo *Críton* de Platão, o velho filósofo convence a todos de que ele deveria ficar. Sócrates explica a Críton que, como ele nunca abandonou a cidade, nem tentou mudar suas leis, ele deve ficar e obedecer não importando as consequências. Ele tinha um contrato social com Atenas. Porque ele tem a obrigação de obedecer às leis, ele não fugirá da prisão: vai enfrentar as consequências da condenação pelo tribunal.

Por que a Rainha de Copas deve gritar

Outros ingleses com formação clássica, como o filósofo Thomas Hobbes (1588-1679), leram sobre o julgamento e a morte de Sócrates. Hobbes, na verdade, escreveu uma nova versão da teoria do contrato social de Sócrates em sua obra de 1651, *Leviatã*.[95] Hobbes fazia parte da geração imediatamente anterior a Shakespeare (1564-1616) e chegou a ver a *Bíblia do Rei James* publicada em 1611. Hobbes escreveu filosofia com aquele inglês típico da época do Rei James, e eu adoro ler seus livros.

O primeiro livro de Hobbes foi um tradução da *História da Guerra do Peloponeso* de Tucídides. O historiador grego é nossa testemunha ocular da guerra entre atenienses e espartanos durante a era de ouro da Grécia,

---

94. I. F. Stone argumenta que Sócrates poderia ter feito um discurso em defesa da liberdade de expressão, já que ele só conversava. Mas ele não o fez porque não acreditava na liberdade de expressão. Veja Stone, *The Trial of Socrates*, capítulo 15, "How Socrates Easily Might Have Won Acquittal".
95. Thomas Hobbes, *Leviathan*, 1651. Uma boa edição foi publicada por Richard Tuck para *Cambridge Texts in the History of Political Thought* (New York: The Press Sindicate of the University of Cambridge, 1996).

o século V a.C, que é a época de Sócrates. Como Carroll, Hobbes era um inglês com formação clássica.

No *Leviatã*, Hobbes argumenta que deve haver um monarca supremo e impiedoso que obrigue as pessoas a cumprirem o contrato social. Ou seja, sem o medo de serem pegas, as pessoas não cumpririam as leis. Portanto, o medo da punição por descumprir a lei faz com que as pessoas a cumpram e mantenham o contrato social. Se você quebrar o contrato social, então está fora dos limites que a lei assegura e adentra o mundo violento da Natureza. O monarca supremo pode usar qualquer forma de destruição contra os fora da lei, pois eles se dirigiram para fora da segurança das leis da sociedade.

Essa é a Rainha de Copas. Qual é a primeira cena com ela? O Dois, o Cinco e o Sete de Espadas são encontrados pintando as rosas nos ramos.[96] Eles estão tentando ludibriá-la. Ninguém engana a Rainha! Isso é subversão. Os rebeldes devem ser punidos rápida e publicamente. "Cortem-lhes as cabeças!" Os transgressores são como um câncer que deve ser removido. Mais importante, as outras cartas devem ficar aterrorizadas. Elas devem ver as consequências de decepcionar a rainha para que elas nunca *nunca* **nunca** queiram decepcioná-la. A lei e a ordem devem ser estabelecidas com uma demonstração de violência. Como Hobbes escreveu: "Contratos sem Espada não passam de Palavras, e não têm a força para segurar um homem".[97]

Não sinta pena daquelas cartas assustadas. Thomas Hobbes e a Rainha de Copas diriam que é para o bem delas. Elas precisam pertencer ao maço. Quero dizer, sério, que um Dois, um Cinco ou Sete de Espadas é inútil sozinho. Se você joga pôquer, eles seriam úteis como parte de um *flush* ou algo do tipo. Mas estariam junto com outras cartas. Cartas têm valor no conjunto – como parte de um maço inteiro. Uma única e solitária carta é totalmente inútil.

Hobbes escreveu que a vida solitária fora da segurança do contrato social é mais do que horrível. Não se pode confiar em ninguém. A Natureza é guerra constante.

> Em tal condição, não há lugar para o Engenho; porque seu fruto é incerto; e consequentemente não haveria Cultura na Terra; não haveria Navegação, nem o uso de mercadorias que podem ser trazidas por Mar; nenhum Prédio confortável; nenhum meio de Transporte, e mover tais coisas

---

96. Carroll, *Annotated Alice*, p. 105-110. Espero que você tenha entendido a piada que subjaz ao fato de as cartas de Espada serem os jardineiros.
97. Hobbes, *Leviathan*, p. 117.

exige muita força; nenhum Conhecimento da face da Terra; nenhuma contagem de Tempo; nenhuma Arte; nenhuma Letra; nenhuma Sociedade; e o que é pior de tudo, medo constante, e perigos de morte violenta; e a vida do homem, solitária, pobre, suja, bruta e curta.[98]

Hobbes argumenta que as pessoas devem desistir de sua liberdade natural para sobreviver junto em comunidade, e que precisamos de um monarca absolutista violento e impiedoso que aterrorizará qualquer um para obedecer ao contrato social. As cartas precisam da Rainha de Copas. Ela *deve* gritar suas ordens de execução para que todos ouçam e fiquem aterrorizados até que se submetam. Uma execução quieta e privada não é o suficiente. Seus gritos aterrorizam as cartas e mantêm o maço completo. Fora da segurança do contrato social está a violência da Natureza. Ela tem de gritar "Cortem-lhes as cabeças!"; é para o bem delas; é o que as mantêm seguras.

Alguns líderes acham que a opressão violenta é necessária para a sociedade. Kim Jong-il se apresenta como defensor da Coreia do Norte enquanto milhares morrem de fome em campos de trabalho forçado. Adolf Hitler se considerava protetor da raça ariana com uma guerra que matou milhões deles. Tanto Mao Tsé-Tung quanto Josef Stalin mataram milhões de cidadãos enquanto criavam as utopias comunistas. Muitos tiranos impiedosos aterrorizam as pessoas, supostamente para o bem delas. A Rainha de Copas funciona como uma sátira, porque há exemplos reais a satirizar!

Há uma abordagem melhor? A Rainha me assusta!

Sim. Há. Podemos eleger nossos líderes democraticamente por meio do voto, limitar seus poderes ao dividir a autoridade em três ramos do governo (executivo, legislativo e judiciário), e então tirá-los de lá se eles se tornarem maníacos ou megalomaníacos.

Essa é a ideia básica do *Dois tratados sobre o Governo* (1689), escrito por outro inglês de formação clássica, John Locke (1632-1704).[99] Locke aceita a ideia básica de Hobbes de que devemos nos juntar para nos proteger e de que precisamos de uma autoridade

---

98. Ibid, p. 89.
99. John Locke, *Two Treatises of Government*, 1689. Uma boa edição foi publicada por Peter Laslett para *Cambridge Texts in the History of Political Thought* (Cambridge University Press, 1988).

central para reforçar o contrato social. Mas ele acrescenta que um governo legítimo deve ser limitado em seu poder e deve governar com o consentimento dos governados. O indivíduo tem valor. Um indivíduo tem *direitos* que nenhum governo pode tomar. Uau! Isso faz toda a diferença.

O livro de John Locke influenciou enormemente Thomas Jefferson (1743-1826) e a redação de sua Declaração de Independência (1776). Fora com o rei George III e que venha o presidente George Washington! Não há reis nos Estados Unidos. Nenhum monarca hereditário apontado divinamente. Nenhum ditador absolutista. Nenhum governo por meio do terror. Temos presidentes cujo poder está limitado e cujo mandato é curto.

Tanto liberais quanto conservadores nos Estados Unidos usam a teoria do contrato social de Locke. O filósofo de Harvard John Rawls (1921-2002) usou uma teoria do contrato social em seu *A Theory of Justice*, de 1971.[100] Rawls faz com que nos imaginemos assinando um contrato social sem saber quem fará parte da sociedade. Ele argumenta que se nós não soubéssemos se seríamos ricos ou pobres, concordaríamos em maximizar o bem-estar dos menos favorecidos da sociedade simplesmente porque pode acontecer que estes sejamos nós. Basicamente, Rawls está justificando a Great Society War on Poverty [Grande Guerra da Sociedade contra a Pobreza] do presidente Lyndon Johnson.

Ao contrário, quando os republicanos tomaram o Câmara do Senado em 8 de novembro de 1994, eles propositalmente nomearam seu plano de "Contract with America" [Contrato com a América].[101] Sua compreensão de contrato social os levou a concluir que a Great Society War on Poverty do Presidente Lyndon Johnson reprimia a iniciativa individual e penalizava as pessoas bem-sucedidas com altos impostos. Como presidente do Senado, Newt Gingrich usou pela primeira vez o legislativo para impugnar o mandato do presidente Bill Clinton. Clinton foi pego numa contradição concernente à sua relação com a estagiária da Casa Branca, Monica Lewinski, e então os republicanos usaram o sistema judicial.

O tribunal! Exatamente onde começamos. Onde deixamos Alice. Certo, então o sistema judicial é um xeque contra os poderosos – ele é uma parte essencial da filosofia política de Locke. É necessário. Mas eu disse que Alice se justifica ao atacar o tribunal. Isso não destrói a capacidade do tribunal de impedir os poderosos?

---

100. John Rawls, *A Theory of Justice* (Cambridge, MA: Harvard University Press, 1971).
101. *Contract with America: The Bold Plan by Rep. Newt Gingrich, Rep. Dick Armey, and the House Republicans to Change the Nation*, eds. Ed Gillespie and Bob Schellhas (New York: Random House, 1994).

Um exame mais cuidadoso do julgamento de Alice

O tribunal do Rei e da Rainha de Copas não representa um xeque contra os poderosos. É feito pelos poderosos! Portanto, não é como a divisão dos poderes de Locke, de maneira nenhuma. É mais semelhante ao reino do terror de Locke.

Alice não está em julgamento. O Valete de Copas está. Alice é uma testemunha. Ela está numa posição mais próxima de Críton – o amigo de Sócrates que tentou sem sucesso tirar o velho filósofo da prisão. Sócrates introduz o contrato social para explicar por que ele deve aceitar o veredicto. Mas o Valete de Copas não faz isso.

Ao contrário, o Valete de Copas protesta coberto de razão. Mais evidências são apresentadas: um bilhete enviado a alguém (pois obviamente não pode ter sido enviado a ninguém!). O Coelho Branco diz que não está escrito com a caligrafia do Valete. O Rei explica que o Valete imitou a letra de outra pessoa. O Valete protesta: "Eu não escrevi isso, e eles não podem provar que fui eu: não há nome algum no final".[102] O Rei declara que isso é a prova final, pois um homem honesto teria assinado seu bilhete!

Alice dá a análise correta: "Isso não prova nada!".[103] Depois de desafiar o Rei sobre o conteúdo do bilhete, o Coelho Branco lê seus versos sem sentido e o Rei profere uma interpretação com ainda menos sentido. O júri é então requisitado ("pela vigésima vez aquele dia"[104]) a proferir seu veredicto. Mas a Rainha quer a sentença primeiro. Quando Alice discorda em ter a sentença antes do veredicto, a Rainha grita seu "Cortem-lhe a cabeça!".[105] Essa é a ocasião em que Alice rejeita todo o tribunal com "Vocês não passam de cartas de baralho!".[106] Quando as cartas atacam, ela se defende justamente.

Esse não é o tribunal de Locke como um xeque contra os poderosos. A Rainha é o ditador impiedoso de Hobbes, e a ameaça de decapitar aterroriza as cartas até a submissão.

No sistema de Hobbes, restrições à violência existem apenas dentro dos limites da lei. Fora dela, tudo pode. Alice não é parte do mundo deles. Como seu próprio Leviatã de mais de um quilômetro e meio de altura, Alice permanece fora daquele contrato social. Ela não é parte do maço. Fora do contrato social está a Natureza, onde não há restrições à violência. Alice está certa em se defender de qualquer modo que lhe for possível. Se ela não o fizer, sua vida será "suja, bruta e curta".

---

102. Carroll, *Annotated Alice*, p. 157.
103. Ibid.
104. Ibid., p. 161.
105. Ibid.
106. Ibid.

Parte II

"ISSO É LÓGICA"

"Seis coisas impossíveis antes do café da manhã"

George A. Dunn e Brian McDonald

Alice não é uma garota *nonsense*. Não que ela não seja aventureira ou não tenha imaginação. Longe disso! E ela com certeza não é avessa a tirar vantagem das oportunidades de se divertir, oferecidas pelos mundos mágicos que encontra pela toca do coelho e através do espelho. Mas no meio disso tudo, ela mostra uma incansável insistência em fazer com que as coisas, contra as quais ela entra em conflito, façam *sentido*; as mesmas coisas que a igualmente incansável insistência dos mundos do País das Maravilhas e do Espelho transforma continuamente em *nonsense*. O papo maluco das criaturas que habitam esses mundos recheia de excentricidade as histórias de Lewis Carroll. Mas é o cabo de guerra entre o obstinado bom-senso de Alice e o brilhante *nonsense* das criaturas que ela encontra que recheia as histórias de hilaridade.

"Tudo é tão fora do normal aqui embaixo"

A incursão de Alice pela toca do coelho e através do espelho a coloca em uma guerra em duas frentes contra o que nós talvez chamemos de *nonsense* tolerável e intolerável. Mais facilmente toleradas por Alice são as coisas que perturbariam a maioria de nós logo de cara: as condições *nonsense* desses estranhos mundos com suas surpreendentes leis naturais que decretam, por exemplo, que comestíveis e bebidas são capazes de causar repentinas e drásticas mudanças de forma. O que torna essas bizarras situações toleráveis – e até curiosamente estimulantes – é que elas podem ser controladas com um pouco de tentativa e erro. Conforme as regras da mudança de forma se tornavam "cada vez mais e mais curiosas", elas instigavam a curiosidade da própria Alice. Agindo com uma louvável – senão um tanto imprudente – vontade de experimentar, ela acaba descobrindo as úteis propriedades dos cogumelos do País das Maravilhas e pode, assim, negociar com o novo ambiente como uma conhecedora das regras da mudança de forma, em vez de ser uma vítima desamparada, beliscando um lado ou o outro do cogumelo para alcançar a altura que quiser.

Então, quando se defronta com as curiosas *situações* do País das Maravilhas, os esforços de Alice para entender o que não faz sentido são pagos com juros. Mas isso porque o *nonsense* é apenas provisório, apenas superficial, e sobre ele uma diligente investigadora como Alice é capaz de descobrir as perfeitamente inteligíveis, embora inesperadas, leis de causa e efeito. "Um lado a fará crescer e o outro a fará diminuir",[107] diz a lagarta sobre a lei que governa a ingestão de cogumelos no País das Maravilhas. Várias pessoas que conhecemos comentam alguns resultados bastante espetaculares da ação de ingerir cogumelos, mas poucos tão espetaculares como esse! Por mais surpreendente que esse resultado possa ser, entretanto, ele obedece às leis do País das Maravilhas, e uma vez que Alice tenha aprendido quais leis são essas, ela pode contar com elas para agir de forma tão dependente quanto somos de qualquer das leis da natureza presentes no nosso mundo. Elas só parecem sem sentido para *nós* porque nossa experiência no nosso mundo *na superfície da Terra* e *desse lado do espelho* nos infligiu uma enorme quantidade de pré-concepções sobre o que pode e o que não pode ser alcançado quando comemos cogumelos lamelados.

Nossas pré-concepções gerais sobre os efeitos dos cogumelos – e, de forma mais geral, sobre o que é realmente possível e impossível no nosso mundo – nos colocam em uma posição confortável, especialmente quando elas partem da experiência real de um grande número de pessoas. As pré-concepções ajudam a tornar o nosso mundo mais gerenciável e confiável, permitindo-nos predizer com confiança as consequências possíveis de nossas ações e o curso dos eventos no mundo, se não com uma certeza infalível, pelo menos bem o suficiente para a maioria dos nossos propósitos. Mas nos domínios extraordinários que Alice descobre, governados por leis naturais surpreendentemente diferentes das leis do nosso mundo tão familiar, suas pré-concepções do que é possível e impossível podem impedi-la de descobrir as estratégias necessárias para

---

107. Lewis Carroll, *The Annotated Alice: Alice's Adventures in Wonderland and Through the Looking-Glass* (New York: Clarkson N. Potter, Inc., 1960), p. 73.

lidar com as situações bizarras que ela encontra. Desejosa de conversar com a Rainha Vermelha no mundo Através do Espelho, Alice recusa o conselho da Rosa de andar na direção oposta.

> Isso soou sem sentido para Alice, então ela não disse nada, mas se dirigiu imediatamente em direção à Rainha Vermelha. Para sua surpresa, ela a perdeu de vista de repente, e se encontrou na porta da frente de novo.[108]

Ir na direção oposta àquela que você quer ir certamente não teria sentido *neste* lado do espelho. Mas quando Alice segue na direção que faz sentido para ela, não encontra a Rainha, mas em vez disso dá de cara com uma realidade que não está de acordo com suas expectativas. Imediatamente após tal descoberta, entretanto, "ela achou que deveria tentar o plano, dessa vez, de andar na direção oposta. O que deu muito certo".[109]

É crédito de Alice que ela não hesite nem por um momento em descartar suas pré-concepções quando depara com situações que a refutam de maneira evidente. Ao fazer isso, ela demonstra uma prontidão admirável para agir de acordo com os termos daquela realidade, um aspecto da inteligência perceptiva que muitos filósofos incluiriam entre as "virtudes intelectuais" mais importantes ou traços de personalidade que nos ajudam a descobrir a verdade. (Embora, como veremos mais adiante, essa virtude esteja em falta dentre muitos daqueles que professam um interesse pela verdade.) Ao encontrar um rato, Alice se pergunta se seria proveitoso iniciar uma conversa com a criatura e conclui: "Tudo é tão fora do normal aqui embaixo que eu deveria pressupor que ele consegue conversar: de qualquer modo, não faz mal tentar".[110] Ela conduz o experimento, e sem maiores surpresas, obtém sucesso.

"Pouquíssimas coisas eram realmente impossíveis"

A vontade de experimentar de Alice é fruto de sua descoberta de que as coisas no País das Maravilhas e Através do Espelho não necessariamente obedecem às leis do nosso mundo. "Tantas coisas fora do normal têm acontecido ultimamente, que Alice tinha começado a achar que pouquíssimas coisas eram realmente impossíveis."[111] Ela está totalmente certa, visto que o que ela tem em mente é o que os filósofos chamam de possibilidade e impossibilidade *lógicas*. Filósofos geralmente distinguem

---

108. Ibid., p. 205.
109. Ibid.
110. Ibid., p. 41.
111. Ibid., p. 30.

coisas que são logicamente impossíveis (por exemplo, um *círculo quadrado*) de outras coisas que as pessoas ordinariamente julgam impossíveis, mas que são apenas tão "fora do normal" que a maioria de nós não consegue acreditar que alguma dessas coisas poderia um dia acontecer. A maioria de nós seria extremamente cética ao ouvir uma reportagem sobre alguém que testemunhou uma criança humana mudando aos poucos para a forma de um porco, simplesmente porque isso não é o tipo de coisa que normalmente acontece na nossa experiência. Mas *acontece* no País das Maravilhas (para a grande consternação de Alice), e assim, por razões que estamos prestes a esclarecer, devemos concluir que tal acontecimento horrível (e tomara que raro) é ao menos logicamente possível.

Claro, é razoável querer saber como podemos tirar conclusões sobre o que é possível e impossível *em geral* a partir do que acontece no País das Maravilhas, pois esse mundo de ratos falantes e metamorfoses grotescas existe apenas na imaginação. Mas é esse exatamente o ponto! O que quer que possa ser imaginado, por mais estranho ou fora do normal que possa ser, é logicamente possível. Há algumas coisas, entretanto, que simplesmente não conseguimos imaginar não importando o quanto tentemos, pois são inerentemente contraditórias ou sem sentido. Tente imaginar um *círculo quadrado*, por exemplo, ou um *solteiro casado*! Não dá – não por causa de alguma limitação da sua parte, mas porque o que é pedido que você imagine é denotado por uma combinação de palavras (*círculo quadrado*, *solteiro casado*) que literalmente não faz sentido. A não ser que façamos algumas mudanças indiscriminadas nos significados correntes dessas palavras (nos inspirando em Humpty Dumpty, que, como veremos daqui a pouco, acredita que pode fazer qualquer palavra significar o que ele quiser), todos sabemos que uma figura não pode ser ao mesmo tempo um quadrado e um círculo, nem pode alguém ser solteiro e casado ao mesmo tempo. Essas e outras ocorrências inimagináveis estão entre as "poucas coisas" que Alice julga serem "realmente impossíveis".

Há, entretanto, muitas outras coisas que nós julgamos impossíveis por nenhuma outra razão além de não se conformarem às nossas ideias estabelecidas sobre como o mundo normalmente funciona, coisas que se encaixam na categoria do que o filósofo David Hume (1711-1776) chamou de *questões de fato*. *Questões de fato* constituem uma das duas categorias nas quais Hume colocava as coisas sobre as quais as pessoas se questionam e exercitam sua razão. A outra categoria é *relações de ideias*. *Relações de ideias* pertencem às verdades da matemática ("Dois mais três é igual a cinco"), à lógica pura ("Gatos são gatos") e a "qualquer informação que é intuitiva ou demonstravelmente certa".[112] Porque negar qualquer afirmação verdadeira desse tipo é impossível – é inimaginável, por exemplo, que dois mais três possa resultar em qualquer outra coisa que não seja cinco –, sabemos que devem ser verdadeiras, não importando de que lado do espelho estejamos. Além disso, sabemos que são verdadeiras não a partir da experiência ou observação, mas a partir "da simples operação do raciocínio, sem depender do lugar onde elas existem no Universo".[113] Mas *questões de fato*, que concernem ao que realmente acontece no mundo, são uma história diferente de modo geral. "O contrário de cada questão de fato é ainda possível", observou Hume, pois não é inconcebível que o mundo possa ser radicalmente diferente do que é. Se crianças podem se transformar em porcos – ou, em relação a esse assunto, se uma espécie pode através do curso de incontáveis milênios gradualmente desenvolver-se em outra espécie –, são questões que não podem ser respondidas por meio de um julgamento peremptório sobre o que acreditamos ser possível ou não, mas apenas por meio da investigação de como o mundo de fato funciona, preferivelmente conduzido por alguém que esteja "se ardendo de curiosidade" como intensamente se encontra Alice.[114]

A curiosidade de Alice, como seu desejo de descartar pré-concepções desmentidas, é uma importante virtude intelectual, embora uma que, no caso dela, provavelmente precise ser eventualmente temperada com maior exercício de prudência. Verificar se há um rótulo escrito VENENO pode ser uma boa precaução antes de beber o conteúdo de uma garrafa desconhecida, por exemplo, mas mesmo na ausência de uma manifestação de advertência, não é nada sábio confiar na garrafa que apresenta um convite como BEBA-ME. Alice, entretanto, é uma garota confiante – e há uma maneira na qual sua disposição confiante pode também contar como uma de suas virtudes intelectuais desprovidas de *nonsense*. Alice tem uma confiança fundamental de que seus esforços para entender a realidade, mesmo na realidade às avessas dos mundos subterrâneo e por trás do espelho, serão recompensados. Mesmo quando as coisas se comportam da maneira mais inesperada, ela sempre segue na certeza de que pode, com esforço, entender o sentido delas. Não importa o quão surpreendente o mundo no qual ela entrou possa ser, ainda é um mundo no qual a razão reina, mesmo de

---

112. David Hume, *An Enquiry Concerning Human Understanding: And Other Writings* (New York: Cambridge University Press, 2007), p. 28.
113. Ibid., p. 28.
114. Carroll, *The Annotated Alice*, p. 26.

um jeito que seja às vezes, como Alice o expressa, incontestavelmente "fora do normal".

"Não se pode acreditar em coisas impossíveis"

Em razão do *nonsense tolerável* é que Alice consegue dominar, com uma pequena ajuda de seu amplo estoque de virtudes intelectuais, as *condições nonsense* do País das Maravilhas e Através do Espelho. Armada de uma vigorosa curiosidade que nunca deixa de manter o ritmo das circunstâncias do "cada vez mais e mais curioso" contra as quais se defronta, uma fé resoluta na razão, e um desejo destemido de experimentar e de descartar as pré-concepções desmentidas, nossa heroína do não *nonsense* geralmente se sai vencedora no fronte de sua guerra contra o *nonsense*. Mas há outra variedade de *nonsense* diante do qual Alice continuamente se depara em suas aventuras: – o *raciocínio nonsense* das criaturas que habitam o mundo subterrâneo e atrás do espelho; e do *nonsense* tolerável deles, Alice parece nunca conseguir ganhar, porque eles usam uma estranha forma de lógica para chegar às conclusões que são totalmente irracionais.

Em um famoso ensaio, "The Ethics of Elfland", G. K. Chesterton (1874-1936), um escritor de fantasia e ficção policial que às vezes dava uma de filósofo, observou que há uma grande diferença entre o inconcebível e o irracional.

> Não se pode imaginar dois mais um não resultando em três. Mas é possível imaginar árvores que não dão fruto; é possível imaginá-las com galhos em forma de castiçais de ouro ou tigres dependurados por suas caudas. (...) Em nossos contos de fadas, sempre mantemos essa distinção entre a ciência das relações mentais, na qual realmente há leis, e a ciência dos fatos físicos, na qual não há leis, mas apenas estranhas repetições.[115]

Como David Hume apontou mais de um século antes, tornamo-nos tão acostumados a certas regularidades na natureza que às vezes supomos erroneamente que sejam parte do necessário e inalterável tecido da realidade como tal. De acordo com Chesterton, uma das lições mais importantes que podemos aprender da nossa vivência no que ele chamou de Elfland, o reino da literatura fantástica, é uma apreciação da não necessidade ou da inerente inconcebibilidade

---

115. G. K. Chesterton, *Orthodoxy* (Chicago: Moody Publishers, 2009), p. 78-79.

dessas regularidades.[116] É uma das virtudes de Alice que ela não seja vítima do erro de pensar que qualquer questão de fato seja necessária. Consequentemente, ela é capaz de experimentar e descobrir algumas das leis peculiares de seu novo ambiente, como aquelas que governam a mudança de forma e a locomoção, e sair vencedora em seu trato com elas. Mas os *argumentos* que existem nesses curiosos mundos, ela não pode vencer – porque as criaturas estão constantemente afirmando, de uma forma ou de outra, que dois mais um é igual a alguma coisa diferente de três!

"Mas não dá pra acreditar em coisas impossíveis", grita Alice durante um encontro particularmente frustrante com a Rainha Branca. A Rainha, como provedores modernos da eficácia do pensamento positivo, diz que tudo que se precisa fazer é um pequeno esforço: "Ué, às vezes eu acreditava em até seis coisas impossíveis antes do café da manhã".[117] O que Alice estranha aqui é que a afirmação não é *totalmente* irracional. Afinal, de forma geral, é *possível* fazer alguma coisa se se tenta muito! A afirmação esconde seu conteúdo absurdo em uma verdade geral de observação.

Antes, nesse mesmo encontro, a Rainha usa outro tipo de lógica, consistência gramatical formal, para transformar o impossível em possível quando Alice pergunta quando será o "dia da geleia".

"A regra é geleia amanhã e geleia ontem – mas nunca geleia *hoje*."

"Em algum momento, deve-se chegar a 'geleia hoje'", objetou Alice.

"Não, não deve", disse a Rainha. "É geleia em dias alternados: hoje não é um dia alternado, você sabe."

"Eu não a entendo", disse Alice. "É terrivelmente confuso!"[118]

Isso *é* terrivelmente confuso, mas não acontece apenas no País das Maravilhas e no longínquo outro lado do espelho. Filósofos que leram Alice reconhecem que ela não é de forma alguma a primeira a ser vitimada pelo uso de uma lógica capciosa. Na verdade, a lógica do País das Maravilhas tem uma longa história na filosofia. O grande filósofo grego

---

116. Encaremos: algumas das regularidades que têm sido descobertas no nosso mundo não são menos impressionantes do que aquelas que ocorrem em Elfland ou no País das Maravilhas, como a maneira como a luz se enverga quando passa por grandes objetos e como funcionários sempre tendem a ser promovidos de acordo com sua incompetência.
117. Carroll, *The Annotated Alice*, p. 251.
118. Ibid., p. 207.

Sócrates (469-399 a.C.), famoso por ter dito "Uma vida sem questionamento não vale a pena ser vivida por um ser humano",[119] teve de enfrentar uma panelinha de autoproclamados sábios que se autodenominavam sofistas, que eram notórios por usar lógica precisamente para *evitar* tal questionamento, em favor de demonstrar claramente como você *poderia* acreditar em seis coisas impossíveis – antes do café da manhã! Os sofistas formaram seu nome da palavra grega *sophia*, que significa "sabedoria", para propagandear sua pretensão de serem *sábios*, mas, para muitos que ouviam suas palavras, *sábio pra burro* parecia uma alcunha mais apropriada.

No diálogo *Eutidemo* de Platão (427-347 a.C.), que escreveu muitas das conversas de Sócrates com seus contemporâneos, ele conta como este filósofo e alguns de seus jovens amigos são conduzidos a uma conversa com dois de tais sofistas – os irmãos Eutidemo e Dionisodoro –, que os levam para uma cavalgada de argumentos que rivalizam em absurdo com aqueles das criaturas do País das Maravilhas e de Através do Espelho. Eles confundem o jovem amigo de Sócrates, Clínias, tão terrivelmente quanto os interlocutores de Alice, incitando-o mediante um raciocínio falacioso a considerar – se não acreditar – bem mais de seis coisas impossíveis!

Por exemplo, Eutidemo pergunta a Clínias: "Qual é o homem que aprende, o sábio ou o ignorante?"[120] Um pouco hesitante, Clínias responde "o sábio". Imediatamente, Eutidemo faz a ele uma série de questionamentos, cujo ponto é mostrar que, como o ato de aprender pressupõe que não se tenha aprendido ainda, aqueles que aprendem não são os sábios. Mas antes mesmo de Clínias anuir que essa inferência é aparentemente razoável, Dionisodoro começa a provar o contrário. Ele faz com que Clínias concorde que, quando o professor de gramática faz um ditado, é aquele que sabe e não o que não sabe quem aprende. A conclusão prévia deve então estar errada. Portanto, duas afirmações aparentemente incompatíveis têm-se provado verdadeiras. Impossível! E por meio de tal lógica, os dois homens seguem "provando" muito mais coisas impossíveis, como *ambos*, tanto o que sabe quanto o que não sabe, aprendem, que o desejo de Sócrates de que Clínias se torne um sábio é um desejo de que ele "pereça" (porque ele não mais deseja

---

119. Sócrates declarou essa opinião como defesa de seu modo de vida durante seu julgamento em 399 a.C. por impiedade e corrupção da juventude. Veja *Four Texts on Socrates: Plato's Euthyphro, Apology and Crito and Aristophanes' Clouds,* trad. Thomas G. West and Grace Starry West (Ithaca: Cornell University Press, 1998), p. 92 (38a).
120. Plato, *Euthydemo*, trad. Kent Sprague (Indianapolis: Hackett Publishing Company, 1993), p. 9 (275d).

que ele continue sendo o que é), que não é possível contar uma mentira, que ninguém nunca contradisse ninguém, e por aí vai.

Sócrates é capaz de refutar alguns desses *sofismas*, como vieram a ser chamados tais argumentos falaciosos em honra – uma honra reconhecidamente *duvidosa* – aos sofistas que os vieram a empregar orgulhosamente. Às vezes ele é capaz de localizar precisamente o ponto em que o argumento se extravia para alguma inferência aparentemente válida, mas na verdade ilícita. Mas geralmente ele apenas se afasta de tais argumentos para apreender seus valores a partir da perspectiva não *nonsense* do habitual e equilibrado senso comum: Eutidemo e Dionisodoro devem estar zombando, seus argumentos, no fim, refutam a si mesmos, ou eles resultam em um jogo inconsequente de palavras. Afinal, não é necessário ser um especialista em lógica para saber que algo deu muito errado com um argumento que parece provar, como um dos argumentos de Dionisodoro, que é impossível cometer um erro. "Pense dessa maneira", Sócrates diz aos dois sofistas:

> se é impossível falar falsamente, ou pensar falsamente, ou ser ignorante, então não há possibilidade de cometer um erro quando um homem faz qualquer coisa? (...) Se nenhum de nós comete erros quer em ações ou em palavras – se esse é realmente o caso – o que em nome dos céus vocês dois vêm aqui ensinar?[121]

O quê, mesmo! Obviamente, os sofistas não podem nos ensinar qualquer coisa significante acerca do mundo real, ou seja, sobre questões de fato, pois seus próprios argumentos supostamente demonstram que cada um de nós já é um *expert* infalível em tudo.

Claro, sabemos que isso é absurdo porque a experiência nos mostra continuamente que muitas de nossas crenças sobre o mundo não só *podem ser*, mas, frequentemente, *são* erradas. De fato, esse reconhecimento da possibilidade de erro, combinado com o diligente desejo de compreender corretamente, está no coração das virtudes intelectuais exibidas tanto por Sócrates quanto por Alice quando (cada um à sua própria maneira) expõem seu raciocínio à prova da realidade. De forma contrastante, os sofistas usam o raciocínio e a lógica de maneira calculada para assegurar que nada pode jamais forçá-los a admitir um erro; na verdade murando-se da realidade em vez de facilitar um encontro frutífero com ela. Mas, como se torna aparente no *Eutidemo*, o

---

121. Ibid., p. 30 (287a).

objetivo do argumento sofístico não é chegar à verdade. É, para usar outro termo derivado do grego, *erístico*, pensado para derrotar os argumentos do oponente, sem se importar com os méritos intrínsecos ou mesmo como a veracidade, da conclusão a que se chega.

Pobres em virtude mas ricos em palavrório, os sofistas da Grécia antiga têm bastante em comum com muitas das mais loquazes criaturas que Alice encontra em suas aventuras. Não só isso, mas a própria Alice emerge como um tipo de heroína socrática que (literal e figurativamente) cresce acima daqueles pigmeus sofistas em sua insistência em usar a razão para descobrir a verdade em vez de explorar os recursos de uma lógica puramente formal para reduzir o mundo a um conjunto de obstinado *nonsense*.

"Tenho um bom argumento para nocauteá-la!"

Na famosa canção "White Rabbit" da banda Jefferson Airplane, a ácida voz da vocalista Grace Slick solta um verso descrevendo o País das Maravilhas como um lugar "onde a lógica e a razão jazem mortas e enterradas".[122] Ela está errada. Lógica desse tipo está bem viva nos mundos que Alice visita. É a razão que está morta e enterrada. As criaturas que Alice encontra não são malucas porque elas perderam sua habilidade de realizar operações de lógica formal. Elas estão malucas porque perderam todo o senso de razão, todo o senso de como questões de fato se encaixam e como o raciocínio pode ser usado para lançar luz sobre eles. Elas nunca usam a lógica como um instrumento para compreender seu mundo, como Alice o faz quando percebe quanto cogumelo "da mão esquerda" e "da mão direita" deve comer para ficar do tamanho certo. Como Eutidemo e Dionisodoro, essas criaturas usam a lógica para *subverter* o razoável e justificar conclusões totalmente arbitrárias.

A perversão lógica é belamente ilustrada no incidente já discutido, no qual a Rainha Branca diz a Alice que ela não poderia ter geleia hoje porque a regra é "Geleia em dias *alternados*: hoje não é um dia alternado, você sabe". A lógica é usada aqui para murar a realidade em vez de abri-la para uma compreensão posterior. A Rainha está declarando que o perfeitamente possível é impossível!

E essa abordagem pode servir igualmente bem para tornar o impossível possível. Quando a cabeça do Gato de Cheshire flutua sobre a partida de toque-emboque, o Rei se incomoda e quer se livrar disso. A solução da Rainha é típica de sua pessoa: "Cortem-lhe

---

122. "White Rabbit", escrita por Grace Slick (Copperpenny Music).

a cabeça". O executor convocado para realizar a decapitação argumenta de forma um tanto razoável "que não se pode cortar uma cabeça a não ser que esteja presa a um corpo", e o Rei replica um tanto "logicamente" que "qualquer coisa que tenha uma cabeça pode ser decapitada", adicionando "que não se deveria falar tal *nonsense*".[123] Mas, claro, é o rei quem está falando *nonsense* aqui, soando como Eutidemo e Dionisodoro, ao pegar uma observação geralmente verdadeira, tornando-a absoluta, e então forçando-a para que se encaixe em uma situação particular à qual ela obviamente não se aplica. Ele usou uma lógica arbitrária que não dá conta dos fatos para "provar" o impossível como possível.

A lógica erística volta suas costas para a virtude intelectual do questionamento honesto e usa o raciocínio para afastar realidade e questionamento dos fatos em vez de abri-los para a exploração. O aspecto erístico de conseguir o melhor de um oponente em uma discussão não encontra lugar mais aparente do que no encontro de Alice com Humpy Dumpty, que demonstra seu temperamento erístico – um tanto impertinente até – na seguinte conversa:

"Por que você está sentado aqui sozinho?", perguntou Alice, não querendo começar uma discussão.
"Ora, porque não há ninguém comigo!", gritou Humpty Dumpty. "Você achou que eu não saberia a resposta para *isso*?"[124]

Alice pode não ter desejado começar uma discussão, mas Humpty tinha claramente outros planos. Ele transforma a inocente pergunta de Alice em uma oportunidade para arrogar vitória no que ele insiste em tratar como o início da rodada de um torneio verbal. Claro, sua resposta ecoa perfeitamente, remanescente da velha adivinha "Por que a galinha atravessou a rua?" Resposta: "Para chegar do outro lado". O humor em ambos os casos está no fato de que as respostas para ambas as questões são perfeitamente lógicas, mas nem um pouco informativas. Nem mesmo são uma tentativa de responder à questão que estava sendo perguntada. A atenção não está no significado da questão, mas somente na forma como foi colocada. A lógica pode ser perfeita, mas a noção de razão é que "jaz morta".

Confrontamos essa disjunção entre sentido e forma novamente no seguinte diálogo:

---

123. Carroll, *The Annotated Alice*, p. 117.
124. Ibid., p. 263.

"Aqui está uma pergunta para você", anunciou Humpty Dumpty. "Quantos anos você disse que tinha?"
Alice calculou rapidinho e disse: "Sete anos e seis meses".
"Errado!", Humpty Dumpty exclamou triunfantemente. "Você não disse nada disso!"
"Eu achei que você quisesse dizer 'Quanto anos você tem?'", explicou Alice.
"Se eu quisesse dizer isso, eu teria dito isso", redarguiu Humpty Dumpty.[125]

Conotação, o significado de uma palavra dentro de um discurso, é geralmente diferente da *denotação*, a definição literal no dicionário. Na verdade, termos e sentenças inteiras podem ter conotações bastante distintas de suas denotações. Assim, parceiros em uma conversa honesta procuram pela primeira e não pela segunda: é isso que Alice faz quando diz a Humpty que ela achou que ele queria dizer "Quantos anos você tem?"; Humpty Dumpty, entretanto, é literal e denotativo e, portanto, ganha. Sua triunfante exclamação é altamente significativa, não deixando dúvida de que o triunfo e não a verdade é o objetivo. As implicações disso emergem na próxima e triunfante batalha de palavras.

Aqui Humpty Dumpty muda a tática. Ele "ganhou" as duas contendas anteriores ao restringir o significado das palavras e frases para o sentido literal ou denotativo, mas ele irá agora libertá-las totalmente de qualquer significado preestabelecido! Ele acabou de explicar para Alice por que presentes de "desaniversário" são melhores do que presentes de aniversário – porque eles aumentam o número de dias nos quais se pode ganhar presentes. Nesse ponto, a lógica de Humpty caminhou pelo menos para dentro da saudosa distância da lógica normal, mas isso vai mudar conforme Alice desafia as conclusões dele de que "há glória para você!".

"Eu não entendo o que quer dizer com 'glória'", disse Alice.
Humpty Dumpty sorriu desdenhosamente. "Claro que não – até eu lhe contar. Eu quis dizer 'tenho um bom argumento para nocauteá-la!'"
"Mas 'glória' não significa 'um bom argumento para lhe nocauteá-la'", objetou Alice.
"Quando uso uma palavra", disse Humpty Dumpty num tom um tanto escarnecedor, "ela significa exatamente o que eu escolho que signifique – nem mais nem menos".

---

125. Ibid., p. 265.

"A questão é", disse Alice, "se você *pode* fazer as palavras significarem coisas diferentes".
"A questão é", disse Humpty Dumpty, "quem é o mestre – só isso".[126]

Isso é uma questão. A outra questão é: como é que, em sua conversa com Alice, Humpty primeiro impôs uma restrição absurda no significado das palavras ao absolutamente literal, mas agora ele de repente vê utilidade em conceder uma fantástica expansão do significado de uma palavra de modo que ela signifique o que quer que deseje? O lugar onde esses extremos se encontram é na intenção que está por trás deles, que é nunca chegar a descobrir o real significado do que está sendo dito, muito menos os fatos sobre tais coisas no mundo às quais nossas palavras se referem, mas apenas exercitar um tipo de falsa maestria. É tudo falso, claro, enquanto tal destreza linguística ajuda Humpty na construção do que passa no mundo Através do Espelho por "um bom argumento para nocautear", ela nunca a levará para nem um passo mais perto de descobrir a verdade.

"Profira seu veredicto!"

Esse tratamento das palavras como objetos de uma maestria, em vez de ferramentas para a descoberta, governa muito do que acontece no País das Maravilhas – e, se pensarmos nisso, no mundo real também, em que o discurso político e a realidade social tomam com tanta frequência a forma do famoso julgamento do Valete de Copas por causa de seu suposto roubo de tortas. A tentativa do Rei de Copas de fazer o júri "Proferir seu veredicto",[127] antes que qualquer evidência seja dada, e a exigência da Rainha "Sentença primeiro, veredicto depois"[128] podem ser um *nonsense* divertido no País das Maravilhas, mas a realidade tem imitado tragicamente a arte nos famosos julgamentos do regime de Stalin, ou mais perto de casa, as condenações frequentes dos afro-americanos por acusações espúrias.

Assim, não é necessário seguir Alice pelo subterrâneo ou através do espelho para encontrar lógica lunática em abundância e a ausência de virtude intelectual que ela encontrou lá. Ligue a sua televisão em qualquer canal de notícias e provavelmente verá a abordagem "sentença primeiro" do julgamento no País das Maravilhas em exibição completa. Há chances

---
126. Ibid., p. 268-269.
127. Ibid., p. 146.
128. Ibid., p. 161.

de que, no momento em que esteja lendo isso, algum estrategista republicano esteja debatendo com um democrata sobre alguma das questões polêmicas do dia. Eles sabem qual a posição que tomarão mesmo antes de começarem a examinar a evidência ou iniciar o raciocínio – e você também! O argumento deles será ditado por um veredicto predeterminado, e não o contrário. É sempre a conclusão primeiro, evidência e argumento depois, em oposição ao verdadeiro diálogo, em que a direção segue para outro lado. Por causa desse compromisso prévio com certa conclusão, cada combatente – e é exatamente isso o que eles são! – será capaz de construir argumentos que são para todos os propósitos práticos tão irrefutáveis quanto os de Humpty Dumpty.

    Isso tudo soaria muito familiar para Alice.

Raciocinando pela toca do coelho: lições de lógica no País das Maravilhas

David S. Brown

Quando Alice caiu na toca do coelho, a razão e a lógica a acompanharam? G. K. Chesterton certa vez disse que "O País das Maravilhas é um país povoado por matemáticos insanos".[129] Embora ele também tenha dito que "A terra dos contos de fadas é nada além de um lugar ensolarado do senso comum".[130] Acredito que Chesterton esteja certo ao ver confusão no País das Maravilhas, mas também senso comum. Lewis Carroll (como me referirei a Charles Dodgson) foi um matemático, lógico e professor. Além de ter escrito dois livros sobre lógica para o público leigo – *Lógica Simbólica* e *O Jogo da Lógica*[131] –, ele também

---

129. G. K. Chesterton, "A Defense of Nonsense". In: *The Defendant* (London: J. M. Dent & Sons, Ltd., 1901), p. 66.
130. G. K. Chesterton, "The Ethics of Elfland". In: *The Collected Works of G. K. Chesterton, Vol. I: Heretics, Orthodoxy, The Blatchford Controversies*, ed. David Dooley (Fort Collins, CO: Ignatius Press, 1986), p. 253. Todas as referências subsequentes a Chesterton terão essa obra como fonte.
131. Ambos republicados por Dover Publications como *Mathematical Recreations of Lewis Carroll: Symbolic Logic and the Game of Logic* (New York: Dover, 1958). Uma segunda parte de uma obra planejada para ter três partes sobre o *Symbolic Logic* estava sendo escrita na época da morte de Carroll. Ela foi publicada em *Lewis Carroll's Symbolic Logic*, ed. William Warren Bartley, III (New York: Clarkson N. Potter, Inc., 1977). Referências ao *Logic* de Carroll serão retiradas desta última edição.

inventou e discutiu vários paradoxos lógicos. Acredito que podemos ver Carroll tanto como professor e lógico nas aventuras de Alice, e que há lições de lógica para descobrirmos no País das Maravilhas.[132]

Comecemos com uma definição de lógica. Carroll escreveu *O Jogo da Lógica* para ensinar e divertir as crianças, mas ele vê a lógica como uma habilidade diferente daquelas desenvolvidas por outros jogos. Isso porque o estudante de lógica "pode aplicar essa habilidade a qualquer assunto do pensamento humano; em cada um deles, ela ajudará a entender *claramente* as ideias, a arranjar seu conhecimento de forma *ordenada* e, mais importante de tudo, a detectar e a desvendar as *falácias* que ele encontrará em qualquer assunto sobre o qual se interessar".[133]

Portanto, o negócio da lógica é (1) clarear as ideias, (2) colocá-las em uma ordem e (3) identificar e desmantelar as falácias (enganos no raciocínio que geralmente nos confundem). Mas, claro, o País das Maravilhas é cheio de confusão. Como, então, podemos esperar encontrar lógica lá?

Uma confusão sobre colisões

Seria fácil ver a confusão de Alice por todas as suas viagens como resultado do próprio País das Maravilhas: por ser sem sentido e ilógico. Mas, como veremos, isso seria um erro. Certamente, Alice se encontra em um mundo estranho e, como qualquer outra criança, ela tenta encontrar sentido nas coisas do melhor jeito que pode. Assim, encontramo-nos tão confusos quanto ela. Aprendemos rapidamente, entretanto, que não podemos dar por certo que esse mundo inferior conformará nossas expectativas.

O filósofo David Hume (1711-1776) certa vez convidou seus leitores a considerar uma situação não tão diferente daquela encarada por Alice. "Nós [talvez] imaginamos", ele diz, "que fomos 'trazidos de repente' para um mundo no qual não podemos ter certeza de que 'aquela bola de bilhar transferiria movimento para outra a partir do impulso'[134] até *depois* do fato". Isso é muito para uma noite de sexta em um bilhar! Tal mundo seria perturbador, na melhor das hipóteses. De forma similar, ficamos chocados e consternados ao entrar no País das Maravilhas. O mundo de Alice contradiz nossas experiências e expectativas. Seria o País das Maravilhas, portanto, malconcebido? Hume rejeitaria essa visão. Vemos uma bola de bilhar bater na outra, e esperamos ver a

---

132. Para uma excelente narrativa sobre isso, veja o livro de Robin Wilson, *Lewis Carroll in Numberland: His Fantastical Mathematical Logical Life* (New York: W. W. Norton & Company, Inc., 2008).
133. Carroll, *Logic*, p. 46.
134. David Hume, *An Enquiry Concerning Human Understanding*, ed. Tom L. Beauchamp (Oxford: Oxford University Press, 1999), 4.1.8, p. 28. Citações dessa obra incluirão número da seção, da parte e do parágrafo, seguido do número da página dessa edição.

segunda bola mover. A física ensinada no Ensino Médio nos mostra que a força é transferida na colisão, mas Hume chacoalha nossa confiança:

> [P]osso eu não conceber que uma centena de eventos diferentes possam também advir dessa causa? Não podem essas bolas permanecer em repouso absoluto? Não pode a primeira bola retornar em uma linha reta, ou pular sobre a segunda em qualquer linha ou direção? Todas essas suposições são consistentes e concebíveis. Por que, então, deveríamos dar preferência a uma, que não é mais consistente ou concebível do que o restante? Todos os nossos raciocínios *a priori* [isto é, anteriores] nunca serão capazes de nos mostrar qualquer fundamento para essa preferência.[135]

Esse é exatamente o tipo de imaginação necessária para ganhar acesso à terra de contos de fadas de Chesterton: "Não se pode imaginar dois mais um não resultando em três. Mas é possível imaginar árvores que não dão fruto; é possível imaginá-las com galhos em forma de castiçais de ouro ou tigres pendurados por suas caudas".[136] No mundo da Razão, talvez, as coisas sejam determinadas e não se pode conceber o oposto. Entretanto, tudo o mais está disponível.

Como, então, aprendemos sobre como um mundo funciona, quer seja o nosso ou o País das Maravilhas? Como Hume nos diz, "*Causas e efeitos são descobríveis, não pelo raciocínio, mas pela experiência*".[137] Pois é assim que tanto Alice quanto o restante de nós aprendemos sobre o mundo no qual fomos colocados. Aprendemos por experiência, por observação, e pelo testemunho dos outros. É a função da lógica ajudar a "arranjar ordenadamente" todas essas coisas.

A Terra da Lógica

"Eu sei no que está pensando", disse Tweedledum; "mas não é assim, de jeito nenhum".

"Pelo contrário", continuou Tweedledee, "se fosse assim, poderia ser; e se fossem assim, seria; mas como não é, não é. Isso é lógica".[138]

---

135. Ibid., p. 4.1.10, p. 111
136. Chesterton, "The Ethics of Elfland", p. 254.
137. Hume, *Enquiry*, 4.1.7, p. 110.
138. Lewis Carroll, *The Annotated Alice: Alice's Adventures in the Wonderland and Through the Looking-Glass*, introdução e notas de Martin Gardner (New York: W. W. Norton & Company, 2000), p. 181. Graham Priest inicia seu *Logic: A Very Short Introduction* (Oxford: Oxford University Press, 2000) com essa citação.

De acordo com o filósofo Graham Priest (1948-), "O que Tweedledee está fazendo – pelo menos na paródia de Carroll – é raciocinar. E isso, como ele diz, é sobre o que é lógica".[139] Aristóteles (384-322 a.C.), o fundador da lógica, nos forneceu o requisito mais básico para o raciocínio na Lei da Não Contradição: "A mesma coisa não pode ao mesmo tempo tanto pertencer quanto não pertencer ao mesmo assunto a respeito da mesma coisa".[140] Se animais falam, então eles podem falar. Se Alice está caindo em uma toca de coelho, então ela está caindo. Se ela não consegue entrar no jardim porque é grande demais para passar pela porta, então ela é grande demais para passar pela porta. A regra mais básica da lógica, portanto, é a de que evitamos contradições.

Mas também devemos evitar falácias: aqueles enganos no raciocínio que, mais vezes sim do que não, nos conduzem à confusão. Como Peter Alexander nota "A mera prática de falácias lógicas não é em geral cômica", mas "Lewis Carroll usou com sucesso um sistema no qual as 'falácias' lógicas, as bases de tantas de suas piadas, podem ser engraçadas".[141] Alexander vê uma linha similar na comédia dos Irmãos Marx. Por exemplo, no filme *A Day at the Races* (1937), Groucho, um veterinário de cavalos, sente o pulso de Harpo e diz "Ou ele está morto ou meu relógio parou". Isso pode ser considerado como a conclusão de um argumento como este:

> Se ele está morto, eu não serei capaz de medir seu pulso.
> Se meu relógio parou, eu não serei capaz de medir seu pulso.
> Eu não consigo medir seu pulso.
> Portanto, ou ele está morto ou meu relógio parou.[142]

Lembre-se, lógica trata de estabelecer um arranjo ordenado de ideias claras e evitar falácias. Então vamos dar uma olhada em alguns exemplos. Espero que eles sejam suficientes para convencer você de que há lições de lógica a se aprender mesmo no País das Maravilhas – lições que nos ajudarão a pensar melhor em "qualquer assunto do pensamento humano".

---

139. Priest, *Logic*, p. 1.
140. *Metaphysics* 1005b19, citado de *Aristotle Selected Works*, 3. ed., trad. Hippocrates G. Apostle and Lloyd P. Gerson (Grinnel, IA: The Peripatetic Press, 1991), p. 336.
141. Veja seu "Logic and the Humour of Lewis Carroll", *Proceedings of the Leeds Philosophical and Literary Society* 6 (1951), p. 556.
142. Alexander, "Logic and the Humor of Lewis Carroll", p. 565.

Humpty Dumpty e os Novos Ateus

Nossa primeira tarefa, se quisermos ser bons pensadores, é colocar algumas ideias claras na nossa cabeça. Você tem de começar por algum lugar. Isso significa que devemos ser bastante cuidadosos sobre as assunções que fazemos e devemos ser bem implicantes com o significado das palavras que usamos. Assim, a primeira regra para raciocinar certo é:

1. Tome cuidado com suas assunções

> "Como é que eu vou entrar?", perguntou Alice de novo, em um tom mais alto.
> "Você *vai* entrar de alguma maneira?", disse o Lacaio.
> "Essa é a primeira pergunta, você sabe."[143]

Às vezes não começamos do começo. Alice, na passagem citada, simplesmente assume que seu desejo de entrar é apropriado, e então decide satisfazê-lo. Mas assunções podem nos causar um mundo de problemas. Por exemplo, no julgamento do Valete acusado de roubar tortas, no qual uma suposta carta incriminadora é introduzida como evidência, vemos exatamente quanto problema as assunções podem causar:

> "Se você não a assinou", disse o Rei, "isso só torna a coisa pior. Você *deve* ter feito alguma travessura, senão teria assinado seu nome como um homem honesto."[144]

Aqui o Rei simplesmente *assume* que o Valete escreveu a carta, e baseado nisso tenta inferir um motivo sinistro, que ele então usa para provar a culpa do Valete como ladrão de tortas. Esse mau exemplo de raciocínio convence a Rainha, mas não Alice. Quando você assume o que está tentando provar, não está raciocinando bem, mesmo que você consiga que alguém seja decapitado.

2. Saiba o que suas palavras significam

> "Eu não entendo o que quer dizer com 'glória'", disse Alice.
> Humpty Dumpty sorriu desdenhosamente. "Claro que não – até eu lhe contar. Eu quis dizer 'tenho um bom argumento para nocauteá-la!'"

---

143. Carroll, *The Annotated Alice*, p. 59.
144. Ibid., p. 121.

"Mas 'glória' não significa 'um bom argumento para nocauteá-la'", objetou Alice.

"Quando uso uma palavra", disse Humpty Dumpty em um tom um tanto escarnecedor, "ela significa exatamente o que eu escolho que signifique – nem mais nem menos".

"A questão é", disse Alice, "se você *pode* fazer as palavras significarem coisas diferentes".

"A questão é", disse Humpty Dumpty, "quem é o mestre – só isso".[145]

O filósofo Peter Geach (1916-) acha que definições, como essa que Humpty Dumpty dá para "glória", são "inofensivas até que o novo sentido conferido arbitrariamente esteja longe o suficiente do sentido antigo".[146] Mas Antony Flew toma uma linha mais dura:

> Fazer o que Humpty Dumpty fez e o que muitas pessoas reais também fazem não é meramente falar "de modo muito absurdo". É também agir de má-fé. Pois expressar-se em uma linguagem pública é encarregar-se de falar e de pedir para ser entendido de acordo com as convenções de significado estabelecidas daquela linguagem.[147]

De modo interessante, isso é exatamente o que John Haught (1942-) diz que os novos ateus (Richard Dawkins [1941-], Daniel Dennett [1942-], Christopher Hitchens [1949-] e Sam Harris [1067-]) estão fazendo quando definem "fé" como "crença sem evidência" – muito diferente de como os eruditos medievais Agostinho, Anselmo, e Aquino a teriam definido.[148] Os novos ateus podem definir "fé" do modo que quiserem. Mas sem dúvida é um sinal de *má*-fé usar essa caricatura como uma vara para cutucar os teólogos. Evidentemente, queremos uma argumentação melhor que essa.

---

145. Ibid., p. 213.
146. Peter Geach, *Reason and Argument* (Berkeley and Los Angeles: University of California Press, 1976), p. 42.
147. Antony Flew, *How to Think Straight: An Introduction to Critical Reasoning*, 2. ed. (New York: Prometheus Books, 1998), p. 88.
148. John Haught, *God and the New Atheism:* A Critical Response to Dawkins, Harris, and Hitchens (Louisville and London: Westminster John Knox Press, 2008), p. 4-5. O argumento de Haught também foi lançado por Terry Eagleton e John Lennox, entre outros.

Por que ninguém é um Ninguém

Então, ter ideias claras e firmes com as quais trabalhar é ótimo, mas isso não garante a você um pensamento claro, não mais do que a sua nova cerquinha no quintal lhe garante proteção. Você tem um monte de trabalho pela frente; você tem de construir a cerca, assim como construir os argumentos; eles não se montam ao se adicionar água – nem mesmo no País das Maravilhas. Tem de haver algum tipo de arranjo ordenado das nossas ideias; as coisas têm de ocupar os lugares certos. Caso contrário, nunca conseguiremos avançar no mundo das ideias. Portanto, precisamos de algumas instruções de montagem.

3. Não confunda as categorias

"Eu vejo ninguém na estrada", disse Alice.

"*Eu* queria ter tais olhos", o Rei comentou em um tom rabugento. "Ser capaz de ver Ninguém! E a essa distância ainda! Poxa, o máximo que *eu* consigo é enxergar pessoas reais, e com essa luz!"[149]

Aristóteles disse certa vez que colocar as coisas em suas categorias adequadas – quer seja quantidade, qualidade, tempo ou lugar – é essencial para dar sentido ao mundo. Não podemos perguntar "O que é maior ou mais comprido, um quilômetro ou um minuto?" porque não há uma medida comum pela qual compará-los. Eles pertencem a categorias diferentes: um é uma questão de quantidade, e o outro é de tempo. De modo semelhante, não podemos dizer que a cidade de Nova York pesa sete quilos, embora seja perfeitamente correto informar um colega viajante que Nova York não está localizada em Londres. Se sua correspondência é colocada na caixa errada, você não recebe a mensagem. Se sua ideia é colocada na "caixa" errada, nenhum de nós "recebe a mensagem".

Se você estivesse simplesmente ouvindo a conversa entre o Rei e Alice, você ouviria "ninguém" e "Ninguém" como sendo a mesma coisa. Como leitores, temos a vantagem de ver a diferença, o que desfaz a confusão. Alice está usando "ninguém" como um quantificador, dizendo-nos *quantos* corpos estão na estrada (nenhum); diferentemente, o Rei está usando "Ninguém" como um nome próprio para se referir a *uma pessoa*. Agora, uma pessoa não é uma quantidade;

---

149. Carroll, *The Annotated Alice*, p. 222-223.

muitas pessoas não o são hoje em dia. Então Alice e o Rei estão conversando de maneira desencontrada.

Podemos ver esse mesmo erro quando Alice fala da categoria do *tempo*, enquanto o Chapeleiro Maluco acha que ela está falando de uma pessoa cujo nome é "Tempo":

> Alice bufou cansada. "Acho que pode fazer algo melhor com o tempo", ela disse, "do que desperdiçá-lo fazendo adivinhas que não têm resposta".
>
> "Se você conhece o Tempo tanto quanto eu o conheço," redarguiu o Chapeleiro, "você não falaria em desperdiçá-*lo*. É uma pessoa."
>
> "Eu não entendo o que quer dizer", disse Alice.
>
> "É claro que não!", retrucou o Chapeleiro, empinando o nariz arrogantemente. "Atrevo-me a dizer que você nunca nem falou com o Tempo!"
>
> "Talvez não", Alice respondeu cautelosa; "mas eu sei que tenho de segui-lo na minha aula de música".
>
> "Ah! Isso conta muito", disse o Chapeleiro. "Ele não vai aceitar ser seguido!"[150]

Abbott e Costello tornaram famoso esse tipo de erro em seu hilário "Who's on first?". (Veja no YouTube e conte o número de vezes que eles cometem esse erro.)

4. Não confunda sujeitos e predicados

> "Então você deveria dizer o que quer dizer", a Lebre de Março continuou.
>
> "Eu estou dizendo", Alice respondeu depressa; "pelo menos – pelo menos eu quero dizer o que digo – é a mesma coisa, tá".
>
> "Não é a mesma coisa nem um pouquinho!", disse o Chapeleiro. "Você deve dizer também que 'eu vejo o que como' é o mesmo que 'eu como o que vejo'!"[151]

Aqui temos um tipo diferente de problema, um problema reminiscente do argumento fundamentalista tão repetido de que só a Bíblia é inspirada. A Bíblia, assim diz o argumento, diz que "Toda Escritura

---
150. Ibid., p. 72.
151. Ibid., p. 70-71.

é inspirada" (2 Timóteo, 3:16). Nós então concluímos que "Tudo que é inspirado é Escritura".[152] Mas nem no nosso mundo ou no País das Maravilhas isso é um bom raciocínio. Todos os cavalos são quadrúpedes, mas nem todos os quadrúpedes são cavalos. Sujeitos e predicados não podem ser automaticamente (e seguramente) trocados.

Ovos verdes e martelos

Tente construir uma cerca com um ovo, ou tente comer ovos com um martelo. Geralmente ouvimos que a opinião de alguém é tão boa quanto a opinião de qualquer outra pessoa. Em lógica, nada poderia estar mais distante da verdade. Você pode estragar tudo, e se envergonhar muito durante o processo. Apesar de haver um número quase ilimitado de maneiras pelas quais o raciocínio pode dar errado, aqui vai uma dica para evitar um dos erros mais comuns (falácias).

5. Não confunda condições suficientes e condições necessárias

> "Eu tenho certeza de que não sou Ada", ela disse, "pois o cabelo dela tem longos cachinhos e o meu não tem cachinhos mesmo; e eu tenho certeza de que não sou Mabel, pois eu sei todo tipo de coisas e ela, ah, ela sabe bem pouquinho mesmo."[153]

Alice sabe que o cabelo de Ada tem longos cachinhos e que Mabel sabe bem pouco. Saber que aquela garota é a Ada é, portanto, suficiente para saber que aquela garota tem cabelos com longos cachinhos. Saber que aquela garota é a Mabel é suficiente para saber que aquela garota sabe bem pouco. Podemos usar martelos e ovos para entender mais sobre condições necessárias e condições suficientes.

Bater em um ovo com um martelo é uma condição suficiente para ter um ovo quebrado – e o que mais eu poderia fazer para quebrá-lo? Um ovo quebrado é o que eu consigo quando bato em um ovo com um martelo, portanto um ovo quebrado é uma condição necessária de bater em um ovo com um martelo – estou assumindo um martelo e um ovo normais, claro.

---

152. Ron Rhodes argumenta isso em *The 10 Most Important Things You Can Say to a Catholic* (Eugene, OR: Harvest House Publishers, 2002), p. 21.
153. Carroll, *The Annotated Alice*, p. 23.

Por poder existir mais de uma condição suficiente para quebrar um ovo (posso usar minha mão, por exemplo), não posso concluir que um ovo quebrado prova que eu usei um martelo. (Dê uma segunda olhada na citação dos Irmãos Marx e veja se você consegue encontrar ambos os exemplos desse erro.) Também não posso concluir que se eu não usar um martelo, não vou conseguir quebrar o ovo (pois sou desastrado e posso ter derrubado o ovo). A razão de essas conclusões não procederem é que não podemos confundir condições suficientes com condições necessárias.

Podemos ver exemplos desse tipo de raciocínio na passagem anterior sobre Ada e Mabel. Alice está colocando dois argumentos aqui. O primeiro é o seguinte:

> Se eu fosse Ada, então eu teria um longo cabelo cacheado.
> Eu não tenho um longo cabelo cacheado.
> Portanto, não sou Ada.

Esse é o segundo:
> Se eu fosse Mabel, então eu saberia bem pouco.
> Eu sei todo tipo de coisas.
> Portanto, eu não sou Mabel.

Ambos os argumentos têm a mesma forma; eles diferem apenas nos termos usados. Em ambos, a condição necessária está sendo negada ("Se eu bater em um ovo com um martelo, terei um ovo quebrado"; "*Eu não tenho um ovo quebrado*"; "Portanto, eu não bati no ovo com um martelo"). Até aqui, Alice está raciocinando bem.

Mas ela continua, tentando lembrar todo tipo de coisas que ela conhece para provar que ela não é Mabel. Ela não consegue se lembrar da tabuada ou de geografia, e conclui que "devo ter me transformado na Mabel!".[154] Esse raciocínio é similar aos anteriores, com a exceção de que não é, com certeza, um bom raciocínio. Seu novo argumento segue assim:

> Se eu fosse Mabel, então eu saberia bem pouco.
> Eu sei bem pouco.
> Portanto, eu sou Mabel.

O raciocínio de Alice aqui deu muito errado. Ela não está negando a condição necessária, como fez antes. Alice está, em vez disso, afirmando a condição necessária, e isso a leva para todo tipo de problema

---
154. Ibid., p. 23.

de identidade. Podemos concluir a partir de um ovo quebrado que ele deve ter sido quebrado por um martelo? Claro que não, mas isso é bastante parecido com o que Alice acabou de fazer.

Uma confusão similar entre condições necessárias e condições suficientes pode ser vista nas ciências naturais. Uma visão tradicional é aquela de que a ciência testa as hipóteses por meio de experimentos que podem prová-las verdadeiras (ou corretas). Se quisermos saber se uma hipótese é verdadeira, auferimos algumas pressuposições que podemos testar – a capacidade de fazer uma pressuposição testável tem sido há muito considerada uma maneira de distinguir a ciência evolucionista do, digamos, criacionismo bíblico. O sucesso no(s) teste(s) prova, então, a hipótese. Mas como Karl Popper (1902-1994) aponta, por mais que o teste de uma pressuposição possa provar que uma hipótese está errada, ele nunca consegue provar que ela está certa.[155] Você até pode argumentar que, porque temos um ovo quebrado, deve ter sido um martelo que o quebrou. Mas esse não é o caminho para a verdadeira filosofia.

O duradouro legado da lógica

Espero que esse breve ensaio convença você de que há lógica no País das Maravilhas e também lições a serem aprendidas, que ler Alice não é apenas para crianças. Eu desafio você a ler a obra novamente e descobrir nela mais das lições de Carroll sobre lógica. Não há melhores palavras de encorajamento que eu possa dar a você para que estude lógica do que as próprias palavras de Carroll:

> Ela dará a você clareza de pensamento – a habilidade de *enxergar o caminho* através de um quebra-cabeça –, o hábito de arranjar as ideias segundo uma ordem e de modo acessível – e, o mais valioso, o poder de detectar *falácias*, e de picar em pedaços os frívolos argumentos ilógicos, que você irá encontrar com muita frequência nos livros, jornais, discursos, e mesmo nos sermões, e que iludem tão facilmente aqueles que nunca se importaram em aprender essa fascinante Arte. *Tente.* Isso é tudo o que lhe peço![156]

---

155. Sobre isso, veja A. C. Grayling, *An Introduction to Philosophical Logic*, 3. ed. (Oxford: Blackwell, 1998), p. 7-9.
156. Carroll, *Logic*, p. 53.

Três maneiras de entender errado: indução no País das Maravilhas

Brendan Shea

Alice encontra três problemas indutivos curiosos em seus esforços para entender e perambular pelo País das Maravilhas. O primeiro emerge quando ela tenta prever o que vai acontecer, baseando-se em suas experiências fora do País das Maravilhas. Em muitos casos, isso se prova difícil – ela não consegue prever que bebês podem se transformar em porcos ou que um sorriso possa existir sem o gato. O segundo problema de Alice envolve seus esforços para perceber a natureza básica do País das Maravilhas. Por exemplo, é difícil para Alice perceber como poderia *provar* que suas experiências eram o resultado de um sonho e nada além disso. O problema final é manifestado pela tentativa de Alice de entender o que os habitantes do País das Maravilhas querem dizer quando falam com ela. No País das Maravilhas, "tartarugas falsas" são criaturas de verdade e as pessoas vão a lugares com um "delfim" (e não com um "fim"). Todos esses três problemas concernem às tentativas de Alice de inferir informações sobre eventos inobservados ou objetos que ela já observou. Em termos filosóficos, eles todos envolvem a *indução*.

Acontece que a indução é enormemente importante para as nossas vidas. Ela nos permite perceber quais alimentos são nutritivos e quais são venenosos; ela guia nossa condenação dos criminosos e absolvição dos inocentes; ela é a base de todo o conhecimento científico. A indução também é a base para a compreensão da *linguagem*. Mas o problema com a indução, conforme aprende Alice, é que se está sempre arriscando errar. No País das Maravilhas, muitas das crenças de Alice baseadas na indução acabam sendo falsas, e ela é forçada a começar do começo. Suas falhas e sucessos oferecem uma possibilidade de trabalhar o raciocínio indutivo e é, portanto, de muito interesse para nós.

Como evitar envenenamento e atiçadores em brasa

Indução é um tipo de raciocínio que está em explícito contraste com a *dedução*. Para raciocinar dedutivamente de um fato conhecido para uma conclusão, deve-se mostrar que é *impossível* que a conclusão seja falsa, assumindo que os fatos originais são como pensamos que fossem. Lewis Carroll oferece o seguinte exemplo de argumento dedutivo em seu *Lógica Simbólica*: "Todos os gatos entendem francês; algumas galinhas são gatos", portanto, "Algumas galinhas entendem francês".[157] A conclusão é evidentemente falsa. Entretanto, se alguém *assumir* que as duas primeiras afirmações são verdadeiras, não há *como* a terceira afirmação ser falsa. Ao usar a dedução, não se vai além daquilo que já se sabe – apenas se reafirma de novas (e às vezes interessantes) maneiras.

Diferente do raciocínio dedutivo, o raciocínio indutivo tenta ir além do que já se sabe. Um argumento indutivo tenta proporcionar razões prováveis para sua conclusão. Não há garantias. Por exemplo, se Alice raciocinar partindo de *Nenhum coelho nunca falou comigo antes de hoje* para a conclusão de que *Nenhum coelho falará comigo hoje*, ela está raciocinando indutivamente. Isso acontece porque, como Alice descobre, é *possível* que a primeira afirmação seja verdadeira e a segunda falsa.

A maioria, se não todas, de nossas crenças cotidianas sobre o mundo é resultado de nosso raciocínio indutivo. Alice oferece alguns bons exemplos de crenças apoiadas indutivamente quando considera beber da garrafa com BEBA-ME no rótulo:

> Tudo bem que estava escrito "Beba-me", mas a pequena e esperta Alice não iria fazer *isso* apressadamente. "Não, vou olhar primeiro", ela disse, "e ver se está marcado '*veneno*'

---

157. Lewis Carroll, *Symbolic Logic* (London: Macmillan, 1896), p. 64.

ou não"; pois ela tinha lido várias histórias sobre crianças que se queimaram, e foram devoradas por animais selvagens, e outras coisas desagradáveis, tudo porque elas *não* se lembraram de regras simples que seus amigos lhes ensinaram: que um atiçador em brasa vai lhe queimar se você segurá-lo por muito tempo; e que se você cortar seu dedo *muito* fundo ele sangra; e ela nunca se esqueceu de que se você beber muito de uma garrafa com um rótulo "veneno", é quase certo que lhe causará má digestão, cedo ou tarde.[158]

Todas as regras que Alice cita são boas (se não simples). Ainda assim, temos apenas o raciocínio indutivo para apoiá-las. Por exemplo, a razão pela qual achamos que o fogo pode nos queimar no futuro é porque sabemos que ele nos queimou no passado. O mesmo vale para todas as coisas nas quais acreditamos a partir da autoridade de um professor confiável, dos pais ou de um livro. Na verdade, quase todas as nossas crenças fundamentais sobre história, ciência e outras pessoas são resultado de um raciocínio indutivo.

Por que prever o futuro é um problema

Um tipo comum de raciocínio indutivo envolve nossas tentativas de *prever* nossas experiências no futuro nos baseando no que aconteceu no passado. Por exemplo, a maioria de nós acredita que coelhos não vão começar a falar, nem bebês vão de repente se transformar em porcos. Mas suponha que alguém (vamos fingir que seja Humpty Dumpty) discorda de nós sobre essas crenças. Humpty diz que amanhã às 6 horas o mundo que conhecemos se transformará no País das Maravilhas. Animais falarão, cartas de baralho irão a julgamento, e as pessoas vão mudar de tamanho drasticamente quando comerem determinados alimentos. O que é que poderemos dizer para convencer Humtpy de que ele está errado?

Em seu famoso livro *Investigação acerca do entendimento humano*, David Hume (1711-1776) argumenta que não há nada que possamos dizer para persuadir *racionalmente* alguém como Humpty de que ele está errado. O argumento de Hume prossegue assim: primeiro ele divide o conhecimento em duas categorias – aquele que pertence às

---

158. Lewis Carroll, *The Annotated Alice: Alice's Adventures in Wonderland and Through the Looking-Glass*, ed. Martin Gardner (Bungay, UK: Penguin Books, 1965), p. 31. Referências subsequentes às histórias de *Alice* remetem a esse texto.

relações de ideias e aquele que pertence a *questões de fato*.[159] Hume pensa que o conhecimento pertencente à primeira categoria é possível, mas ele pertence apenas às verdades que podemos perceber ao refletir sobre a natureza das nossas próprias ideias. Por exemplo, Hume pensa que podemos saber que todos os triângulos têm três lados e que todos os solteiros não são casados, mas esse conhecimento não depende da *existência* de qualquer triângulo ou de qualquer solteiro. Mesmo que todos os homens do mundo fossem casados, por exemplo, permaneceria verdade que *se* houvesse um solteiro, ele não seria casado. Isso é garantido pela nossa ideia de solteirismo. Hume ficaria bastante feliz com o comentário de Humpty de que somos "mestres" das nossas palavras.[160] De acordo com a história de Hume, conseguimos saber se é verdade ou não que "Todos os triângulos têm três lados" simplesmente ao considerar o que queremos dizer com palavras como "triângulo".

Além do nosso conhecimento da relação entre as ideias, Hume garante que podemos obter conhecimento sobre os fatos que já *observamos*. Por exemplo, sabemos que até agora nunca observamos coelhos falarem ou cartas de baralho irem a julgamento. O problema da predição para Hume concerne à possibilidade de conhecer fatos *inobservados*. O desafio de Humpty é apenas uma versão mais específica desse problema. Nós ainda não observamos o que acontecerá amanhã às 6 horas; Humpty nos desafia a justificar nossa crença de que o mundo não irá se transformar no País das Maravilhas.

A dificuldade do problema de Hume se torna aparente quando consideramos como podemos fazer isso. Quando defendemos afirmações sobre relações de ideias, podemos apelar para o que somos capazes ou não de imaginar como nosso teste. Assim, por exemplo, é impossível imaginar um triângulo que não tenha três lados ou um solteirão casado. Portanto, triângulos devem ter três lados e solteiros não podem ser casados. Mas a afirmação de Humpty de que o mundo se tornará o País das Maravilhas não é impossível de imaginar; na verdade, visualizamos o País das Maravilhas quando lemos essa obra de Carroll. Como Hume nota, podemos imaginar *qualquer* fato sendo diferente: "*Que o sol não vá se levantar amanhã* não é uma proposição menos inteligível, e ela não implica mais contradição do que a afirmação *de que ele se levantará*".[161] Nem podemos defender nossas previsões como fazemos

---

159. David Hume, *An Enquiry Concerning Human Understanding*, 2. ed. Eric Steinberg (Indianapolis: Hackett Publishing Company, 1993), p. 14.
160. Carroll, *The Annotated Alice*, p. 269.
161. Hume, *Enquiry*, p. 15.

com nossas crenças sobre fatos que já observamos. Nossas crenças sobre fatos observados são baseadas no que já vimos, cheiramos, tocamos e saboreamos. Não podemos sentir o futuro dessa forma.

De acordo com Hume, a única razão pela qual não acreditamos que o mundo vá mudar radicalmente amanhã é porque ele nunca mudou dessa forma *antes*. Na verdade, Hume acredita que todas as nossas crenças sobre fatos não observados se baseiam em uma noção-chave – *que o futuro se parecerá com o passado*. O problema é que essa assunção é em si uma crença sobre um fato não observado. Além do mais, é exatamente o que Humpty estava nos pedindo para defender. Ele concorda que até hoje o mundo nunca mudou radicalmente. Ele apenas acha que, a partir de amanhã, isso acontecerá. E parece que não temos nenhum meio racional de convencê-lo de estar errado.

A conclusão de Hume não é a de que não temos nenhuma base para fazer previsões, mas que nossa habilidade de fazê-las com sucesso é bastante independente da nossa capacidade de raciocínio dedutivo. Alice, por exemplo, mostra pouca evidência de ser uma especialista em lógica dedutiva. Entretanto, ela usa o raciocínio indutivo com grande sucesso. Ao aprender como mudar seu tamanho por meio do consumo de vários alimentos e bebidas, por exemplo, Alice está usando o raciocínio indutivo para fazer previsões bem-sucedidas. Seu uso da evidência de eventos passados para prever e controlar o futuro curso da natureza é um protótipo do raciocínio científico, e dá uma ideia do quão importante é a previsão para a nossa vida cotidiana. Humpty Dumpty, que parece, ao contrário, bastante competente em lógica dedutiva, fornece um bom exemplo de um medíocre raciocinador indutivo. Quando Alice encontra Humpty pela primeira vez, ele está cantando uma canção sobre como todos os homens do Rei não serão capazes de juntar seus pedaços novamente. Quando perguntado por Alice, entretanto, Humtpy parece ter se esquecido da óbvia e presumível relevância de tal canção, e ele se recusa a mover-se de seu precário poleiro. Humpty, apesar de sua perspicácia argumentativa, parece fadado a um final triste.

De quem é esse sonho, afinal?

De agora em diante, vamos supor que tenhamos resolvido o problema de Hume e conseguido nos tornar perfeitos profetas. Ou seja, vamos supor que somos perfeitos ao prever o que *nos* acontecerá no futuro – o que veremos, tocaremos, saborearemos e cheiraremos pelo restante de nossas vidas. Então chegamos a um novo problema: e quanto às nossas crenças sobre coisas que *não conseguimos* sentir dessa maneira? Elas são justificadas? Considere o dilema de Alice no final de *Através do Espelho*, quando ela está tentando determinar se suas experiências foram o resultado de *seu* sonho ou se elas eram o resultado do sonho do *Rei Vermelho*. Parece óbvio para nós, claro, que deve ter sido o resultado do sonho de Alice. Para Alice, porém, o problema é explicar para um cético (como Tweedledee) sua *justificativa* para acreditar que era um sonho dela.

O problema de Alice é um caso especial do que o filósofo W. V. Quine (1908-2000) chamou de problema da *subdeterminação* da teoria por meio da evidência.[162] Aqui a *teoria* de uma pessoa é simplesmente o conjunto de todas as suas crenças sobre o mundo. A teoria de Alice, por exemplo, inclui crenças como *Londres se localiza na Inglaterra* e *Eu não sou um personagem do sonho do Rei Vermelho*. Em oposição, a teoria rival de Tweedledee inclui as crenças de que *Alice é um personagem no sonho do Rei Vermelho*. A evidência para alguém, na concepção de Quine, consiste em tudo que ela pode perceber pelos sentidos. A evidência para Alice, por exemplo, inclui sua memória de ver o Rei Vermelho dormindo e sua memória de aparentemente "acordar". O problema, diz Quine, é que não importa quanta evidência nós juntamos, sempre haverá teorias múltiplas e incompatíveis que conseguem explicar a mesma coisa.

Considere a experiência de acordar de Alice. Isso parece invalidar a teoria de Tweedledee. Afinal, se Alice acordou, deve ter sido o sonho dela, certo? Tweedledee tem uma resposta fácil, entretanto. O motivo pelo qual parece a Alice que ela é real e que acordou é porque isso é exatamente o que o Rei Vermelho está sonhando. Tweedledee faz esse apontamento ao refutar a afirmação de Alice de que suas lágrimas lhe demonstram realidade: "Espero que você não suponha que são lágrimas *de verdade*".[163] De fato, acontece que não há sequer uma evidência possível que Tweedledee não possa acomodar fazendo mudanças adequadas aqui ou ali em sua teoria. Com base em tais considerações, Quine conclui que quase toda afirmação pode ser conciliada a uma evidência: "Qualquer afirmação pode ser considerada verdadeira, se fizermos ajustes drásticos o suficiente aqui e ali no sistema".[164] Nenhum conjunto de evidências, ao que parece, permitirá a Alice provar que Tweedledee está errado.

---

162. Quine discute esse problema em seu livro *Word and Object* (Cambridge, MA: MIT Press, 1960) e em seu famoso artigo "Two Dogmas of Empiricism". In: *From a Logical Point of View* (Cambridge, MA: Harvard University Press, 1980), p. 20-47.
163. Carroll, *The Annotated Alice*, p. 239.
164. Quine, "Two Dogmas of Empiricism", p. 43.

A relevância da subdeterminação para a vida cotidiana se torna aparente quando notamos que o estilo de argumentação de Tweedledee pode ser aplicado para desafiar *qualquer* crença que tenhamos sobre coisas que não podem ser diretamente percebidas pelos sentidos. E temos um monte dessas crenças. Muitas teorias científicas, por exemplo, colocam a existência de coisas muito pequenas ou estranhas para serem sentidas diretamente: quarks, raios gama, elétrons, força gravitacional. Cientistas, usando o raciocínio indutivo, acreditam que essas coisas existem porque sua existência explica os tipos de coisas que podemos examinar com nossos sentidos. O problema da subdeterminação afirma que sempre haverá alguma *outra* teoria (incompatível com a nossa) que *também* pode explicar essa evidência.

Não são apenas os cientistas que acreditam em coisas que não se podem ver. Alice, por exemplo, acredita que beber a poção causou a diminuição de seu tamanho e não o aumento de tamanho do restante do mundo. Entretanto, não há nada que ela pudesse perceber pelos sentidos que permitisse a ela determinar qual dos processos estava realmente acontecendo. Alice, como o restante de nós, também acredita na *permanência* do objeto. Ela acredita que a Duquesa que encontra na festa da Rainha é a *mesma* Duquesa que ela viu antes. Mas essa não é a única teoria que pode explicar a experiência de Alice. Alguém pode achar que o mundo está sendo destruído e instantaneamente recriado a cada segundo. Não nos lembramos de tais destruições, claro, mas isso porque fomos criados para ter (falsas) memórias de uma experiência contínua. De acordo com essa teoria, Alice está na verdade vendo uma Duquesa diferente daquela que ela lembra ter encontrado. Novamente, não há nada que Alice pudesse ter feito para descobrir se tal teoria é verdadeira ou falsa.

Como Hume, Quine não pretende, a partir de seu problema, induzir ao ceticismo sobre o valor ou a legitimidade do questionamento científico ou sobre nossa maneira comum de fazer as coisas. Ao contrário, ele está meramente apontando que um raciocínio indutivo bem-sucedido requer mais do que (1) raciocínio dedutivo ou (2) fazer previsões bem-sucedidas. Quine continua e sugere três critérios por meio dos quais decidimos quais teorias adotar.[165] Primeiro precisamos ter certeza de que nossa teoria não contém falsas afirmações sobre nossas experiências sensoriais. Assim, Alice não deveria adotar a teoria de que ela nunca tenha tido experiências no País das Maravilhas. Segundo, deveríamos adotar teorias que são o mais *simples* possível. É mais simples,

---

165. Quine, *Word and Object*, p. 19-22.

entre outras coisas, acreditar que havia apenas *uma* Duquesa do que duas. Finalmente, quando adicionamos novas crenças à nossa teoria, devemos mudar nossas crenças tão *pouco* quanto possível. Se Alice acreditasse que ela era um personagem no sonho do Rei Vermelho, por exemplo, ela teria de mudar quase todas as outras crenças que tinha (todas que presumiam que ela era real). A crença de que o lugar através do espelho era seu sonho, em comparação, encaixa-se bem no resto das crenças de Alice.

No final, claro, não há como assegurar que a teoria de alguém está correta, justamente como não há um sistema para fazer previsões perfeitas. Pode simplesmente acontecer que Alice e Tweedledee, mesmo depois de comparar evidências, tenham ambos suas crenças justificadas, apesar de suas crenças se contradizerem entre si. A resposta correta para isso, de acordo com Quine, é simplesmente notar que se *deve* continuar a acreditar na verdade de *alguma* teoria; sem isso, ninguém conseguiria viver no mundo. A solução de Alice de reconhecer o problema e simplesmente continuar a sua vida é, portanto, perfeitamente boa.

Não há sentido nisso, afinal

Antes de considerar o problema final, vamos fingir que resolvemos os dois primeiros. Conseguimos fazer previsões perfeitas sobre o que vai nos acontecer e chegamos a uma teoria verdadeira e completa sobre como o mundo físico funciona. O último problema da indução solicita que usemos esse conhecimento para determinar o que várias pessoas *querem dizer* com suas palavras. Essa é uma fonte de constante frustração para Alice, que tem de lidar com tais personagens *nonsense*, como o Chapeleiro Maluco, a Rainha de Copas e Humpty Dumpty. Quase todos os personagens do País das Maravilhas e através do espelho usam incorretamente ou se equivocam em relação a algumas palavras ou expressões da língua inglesa, e Alice tem de usar seu raciocínio indutivo para entender o que se quer dizer *em inglês* com tais palavras no País das Maravilhas como "Tempo", "merluza", e por aí vai.

Quine encara o problema do que as pessoas querem dizer com suas palavras em um livro chamado *Word and Object*. Para simplificar o assunto, ele supõe que um tradutor hipotético se encontra (como Alice) sozinho em um ambiente em que não é claro o que várias pessoas querem dizer com suas palavras. O tradutor não tem um dicionário e nem acesso a falantes bilíngues de inglês e da língua nativa (que eu chamarei de maravilhês). Depois de um exame cauteloso do processo pelo qual essa tradução poderá se dar, Quine conclui que sempre haverá múltiplos modos incompatíveis de traduzir palavras do maravilhês para o inglês; ou seja, é *indeterminado* o que as pessoas querem dizer com suas palavras. Para ver como ele chega a essa estranha conclusão, será útil examinar as dificuldades de Alice mais detalhadamente.

O primeiro passo em qualquer tradução é estabelecer quais sons daquela língua significam *sim* e *não*. A própria Alice nota o motivo disso quando ela não consegue traduzir os sons da gatinha para o inglês:

> É um hábito bastante inconveniente de gatinhos (Alice comentou certa vez) de, o que quer que você diga a eles, *sempre* ronronarem. "Se eles só ronronassem quando querem dizer 'sim' e miassem para 'não', ou qualquer coisa desse tipo", ela disse, "seria possível manter um diálogo! Mas como se pode conversar com alguém que sempre diz a mesma coisa?"[166]

Uma vez que conseguimos distinguir quais sons querem dizer *sim* e quais querem dizer *não*, podemos perguntar aos nativos daquela língua o que eles querem dizer com vários outros sons. É por meio desse processo que Alice descobre que "merluza" é a coisa usada para lustrar sapatos no fundo do mar e que "Tempo" é alguém que o Chapeleiro Maluco conhece.

O problema surge, Quine observa, quando se percebe que sempre haverá múltiplas traduções que podem explicar as respostas que os habitantes do País das Maravilhas dão às perguntas de Alice. Então suponha que Alice esteja tentando descobrir se os falantes de maravilhês querem dizer a mesma coisa que ela com a palavra "coelho". Ela primeiro aponta para o Coelho Branco e pergunta para um grupo deles "Coelho?". Eles respondem afirmativamente. Para ser supercuidadosa, Alice aponta para o Coelho Branco e seus parentes coelhos em vários lugares e tempos, e sob todos os tipos de condições. Os habitantes do País das Maravilhas continuam a concordar. Entretanto, Alice não consegue estabelecer que a palavra maravilhesa "coelho" significa a mesma coisa em sua língua até que ela descarta a possibilidade de que os habitantes do País das Maravilhas estejam se referindo a algo que esteja *identificado* com os coelhos. Algumas coisas que estão *identificadas* com o Coelho Branco, por exemplo, são todas de suas várias *partes* (braços, pernas, e por aí vai). Talvez a palavra em maravilhês para "coelho" se refira apenas a alguma parte essencial de um coelho

---

166. Carroll, *The Annotated Alice*, p. 341.

(o coração, por exemplo) quando esta parte está conectada ao resto do coelho. É nesse espírito que Quine escreveu: "Aponte para um coelho e você estará apontando para um estágio de um coelho, para uma parte integral de um coelho, para a fusão de um coelho e para onde a coelhice é manifestada".[167]

O problema se torna ainda pior quando alguém está tentando perceber o significado de palavras abstratas como "inteligência", "coragem" ou "aceleração". As coisas às quais essas palavras se referem são bastante difíceis (senão impossíveis) de se apontar. A pergunta do Arganaz "Você já viu tal coisa como um desenho de muitice?!"[168] pode nos parecer bastante tola, mas ela apresenta um problema significativo para o tradutor de Quine. No caso de uma expressão como "muito de muitice", pode haver um número de expressões em outras línguas que poderiam servir como traduções adequadas.

Sem dúvida há limites para traduções que podemos adotar. Particularmente, não devemos adotar traduções que errem os padrões dos nativos de concordância e dissidência. Por exemplo, Alice tem boas razões para não traduzir o maravilhês "coelho" como *rato*. O problema é: uma vez que satisfizermos essa condição mínima, não temos como convencer alguém que tenha uma tradução *diferente* de que ela deva adotar a nossa. Suponha que a Rainha Vermelha esteja visitando o País das Maravilhas com Alice. Ela presumivelmente tentaria encontrar uma tradução que faria a conexão com sua própria língua (através-do-espelhês) o mais simples e precisa possível, enquanto Alice tentaria fazer o mesmo com o inglês. Ainda assim, mesmo depois que todos os fatos não relacionados ao significado estejam claros, as traduções podem não concordar.

No mundo real, há uma variedade de fatores que nos impedem de discordar sobre traduções de determinadas línguas. É bem difícil, afinal, raciocinar indutivamente para uma tradução baseada somente nas nossas observações de falantes nativos. É mais fácil basear-se em dicionários ou livros, muitos dos quais são fundamentados em décadas de pesquisa cuidadosa de linguistas. No País das Maravilhas, ao contrário, essa indeterminação apresenta um problema muito mais óbvio e pertinaz. Os habitantes do País das Maravilhas repetidamente compreendem mal tanto Alice quanto uns aos outros de maneiras estranhas (e às vezes maldosas). Quando Alice objeta que o bilhete no julgamento do Valete não significa nada, o Rei exclama "Se não há sentido nele,

---
167. Quine, *Word and Object*, p. 52-53.
168. Carroll, *The Annotated Alice*, p. 103.

isso nos poupa um imenso trabalho, você sabe, já que não precisamos procurar nenhum",[169] antes de lançar sua própria tradução tendenciosa. Humpty Dumpty parece ter a mesma filosofia quando oferece a Alice uma tradução de "Jabberwocky".

Sem surpresa alguma, as atitudes de Alice nos sugerem o melhor caminho a seguir. Na maioria dos casos, ela se esforça para traduzir o que os outros dizem da maneira que ela quer que suas palavras sejam entendidas. Se parece doido para Alice que as pessoas querem dizer uma certa coisa por meio de uma palavra em particular, ela geralmente assume que eles *não* querem dizer aquilo até que as ações deles provem que ela está errada. As tentativas de traduções são assim baseadas em seu senso de *tolerância*. Alice presume que outras pessoas concordam com ela sobre os tipos de coisas que ela considera verdadeiras. Essa assunção não pode ser estabelecida pela previsão perfeita, nem pela investigação científica, mas deve ser assumida como um ponto de partida para a tradução.

O País das Maravilhas e o mundo real

No fim de suas aventuras, Alice acorda e retorna para um mundo mais similar ao nosso. Seria um erro, entretanto, supor que Alice deixa para trás tudo o que ela aprendeu sobre o País das Maravilhas, ou que suas experiências não têm nada a nos ensinar. O País das Maravilhas nos apresenta um estranho tipo de mundo paralelo onde nossas expectativas nos traem e devemos descobrir tudo de novo. Ao fazer isso, acabamos percebendo a importância do raciocínio indutivo para sobreviver no dia a dia, para descobrir a natureza do mundo à nossa volta e para nos entendermos mutuamente. Esses são projetos que nós, como Alice, não podemos evitar.

Como leitores, podemos olhar para Alice buscando um modelo do que é importante para ser um bom raciocinador indutivo. Alice, diferente das criaturas que ela encontra, aprende a controlar seu tamanho e não se torna presa da crença fatalista de que ela apenas vive no sonho de outrem. Em contraposição aos jurados no julgamento do Valete, Alice percebe quão disparatada é a interpretação do bilhete. Ela faz tudo isso diante dos desafios constantes à sua justificativa por raciocinar como faz. No fim, Alice serve como um bom lembrete de que nem *todo* o raciocínio é inútil ou bobo, e que um bom raciocinador é muito mais do que um *expert* na ginástica verbal praticada pelos habitantes tanto do País das Maravilhas quanto do nosso próprio mundo.

---

169. Ibid., p. 159.

Existem língua e linguagem?*

Daniel Whiting

"Eu fala inglês, não fala?"[170]

"Não há tal coisa como linguagem." Quem diria esse tipo de coisa? O Chapeleiro Maluco? Humpty Dumpty? Não, o comentário é de Donald Davidson (1917-2003), um dos principais filósofos do século XX.[171] Esse comentário é capaz de fazer levantar as sobrancelhas. Davidson não está usando a linguagem para negar sua existência? E não é exatamente esse o tipo de coisa que reforça o estereótipo da filosofia como um não assunto que cria problemas onde não há nenhum, e chega a ideias que ninguém consegue levar a sério por meio de algum tipo de truque intelectual? Mas Davidson não *apenas* diz que não há tal coisa como linguagem – ele acrescenta "nem se uma linguagem for qualquer coisa que muitos filósofos e linguistas supõem".[172] Em outras palavras, devemos pensar linguagem *de modo diferente* do que muitos o fazem.

Apesar de que seria difícil levar filosofia a sério como uma disciplina intelectual se ela envolvesse nada além de fazer comentários absurdos (talvez até *nonsense*), não nos importamos que os romances

---

*N.T.: Em inglês, o termo *language* expressa tanto o sentido de "linguagem" como de "língua". No decorrer deste ensaio, *language* será traduzido por ambos os termos em português, de acordo com o sentido que expressem na língua original
170. Lewis Carroll, *Through the Looking-Glass,* (London: Penguin, 1994), p. 156.
171. Donald Davidson, *Truth, Language, and History* (Oxford: Oxford University Press, 2005), p. 107.
172. Ibid.

de Lewis Carroll envolvam um terrível monte deles; ao contrário, deleitamo-nos com eles. Mas seria um erro contrastar muito os romances de Alice com os escritos de Davidson. Um dos objetivos principais da filosofia é explorar nossa capacidade de fazer com que as coisas façam sentido. É principalmente via *linguagem* que humanos procuram fazer com que seu mundo e seu lugar dentro dele façam sentido – e linguagem é uma preocupação dos romances de Alice. Os sentidos das expressões são repetidamente o tópico da conversação. Personagens explicam, corrigem e dirigem-se uns aos outros. ("'O que você quer dizer com isso?', disse a Lagarta severamente. 'Explique-se!'")[173] Não é surpresa, então, que a obra de Carroll, como a de Davidson, nos convide para pensar em questões filosóficas sobre a natureza da linguagem. Mas as afinidades entre a obra de Davidson e a de Carroll não param por aí. As pressuposições que jazem por trás do comentário carrollesco de Davidson são pressuposições que os romances de Alice exploram.

"Isso não é uma regra geral: você acabou de inventar"[174]

De acordo com Davidson, muitos filósofos supõem que "falar e escrever são atividades 'regidas por regras'",[175] e que os significados dessas expressões são determinados por essas regras. Por exemplo, pode haver regras de acordo com as quais alguém deveria aplicar "vermelho" só para coisas como *estas* (apontando para um exemplo em vermelho), e então fazer a transição do "Isto é vermelho" para "Isto é colorido", mas não para o "Isto é azul". Como esse exemplo vê a língua como um sistema de regras que regulam o comportamento, vou nomeá-la de *Visão Institucional*. A visão certamente tem apelo intuitivo. Como Davidson nota, ela promete nos explicar como somos capazes de aprender línguas e nos comunicar por meio delas ao adquirir "a habilidade de operar de acordo com um preciso e específico conjunto de... regras".[176] Mesmo assim, Davidson acredita que essa visão está errada. Nessa conversa frequentemente usamos "expressões não contempladas pelo aprendizado prévio" ou "que não podem ser interpretadas" de acordo com as regras estabelecidas. Ainda assim, o "ouvinte não tem problema em entender o falante

---

173. Lewis Carroll, *Alice's Adventures in Wonderland* (Harmondsworth, UK: Penguin, 1994), p. 54.
174. Ibid., p. 151.
175. Davidson, *Truth, Language, and History*, p. 152.
176. Ibid., p. 110.

da maneira pretendida pelo falante".[177] Davidson oferece seus próprios exemplos, mas Carroll nos oferece um monte para levar em consideração.

Durante sua queda toca do coelho abaixo, Alice se pergunta se ela alcançará "As Antipatias", embora ela estivesse "feliz por não *haver* ninguém ouvindo dessa vez, pois não soava que fosse a palavra certa".[178] Embora o "aprendizado prévio" não vá ajudar em nada na compreensão do uso de "antipatias" por Alice, nós a *entendemos*; sabemos que ela está se perguntando se ela alcançará os Antípodas. Logo depois, Alice está "se esticando" como um telescópio e grita "Cada vez mais e mais curioso!"[179] Enquanto Alice tinha "por um momento... se esquecido de como falar em bom inglês", não temos dificuldade de entender que as circunstâncias nas quais se encontra estão se tornando cada vez mais peculiares. Mais tarde, a Tartaruga Falsa se refere à "enfeização":

> "Eu nunca ouvi sobre 'Enfeização'", Alice se aventurou a dizer. "O que é isso?"
> O Grifo levantou suas patas em sinal de surpresa. "O quê!? Nunca ouviu sobre enfeizar!", ele exclamou. "Você sabe o que é embelezar, eu suponho?"
> "Sim", disse Alice cheia de dúvida: "significa – deixar – algo – mais belo".
> "Pois, então", o Grifo continuou, "se você não sabe o que é enfeização, você é uma simplória".[180]
> Nesse exemplo, Alice *está* sendo simplista. Embora o termo "enfeização" seja novo, exige pouco esforço para imaginar o que a Tartaruga Falsa quer dizer.

Em situações como essa, somos capazes de manter uma conversa apesar de algumas palavras usadas não serem "governadas por convenções e regularidades".[181] Assim, seguir regras compartilhadas, Davidson conclui, não é *necessário* para a comunicação. E, ele afirma, nem é uma condição *suficiente*. Por exemplo, se uma regra governa "antipatias", ela não nos torna capazes de entender Alice. A prevalência de homófonos – palavras pronunciadas da mesma maneira mas que diferem em sentido – também ajuda no caso de Davidson:

---

177. Ibid., p. 94-95, 90.
178. Carroll, *Alice's Adventures*, p. 14.
179. Ibid., p. 21.
180. Ibid., p. 115.
181. Davidson, *Truth, Language, and History*, p. 93.

"Minha história dá uma calda longa e triste!", disse o Rato, virando-se para Alice e suspirando.

"É mesmo uma cauda longa", disse Alice, olhando para o rabo do Rato, "mas por que você a acha triste?"[182]

Suponha que "calda" e "cauda" estejam sujeitos a regras de uso; isso não permite que Alice compreenda o rato; ela precisa também entender o sentido que ele quer dar.

Depois, considere o fato de que você e eu possamos seguir regras estabelecidas para usar palavras, mas eu ainda posso não entender você se não consigo ver onde você quer chegar, e se você não transmitir seu ponto de vista. Quando o Chapeleiro explica como seu relógio trabalha, que "mostra o dia do mês, e não que horas são", Alice fica "terrivelmente confusa. O comentário do Chapeleiro parecia não fazer nenhum sentido, mas ainda assim era em inglês".[183]

À luz de tais casos, Davidson conclui, o que é necessário para a comunicação, e tudo o que é necessário, não é que ambos usem termos de acordo com regras compartilhadas, mas que eu atribua a suas palavras os sentidos que você *intencione* que elas tenham. Davidson quer substituir a visão institucional do uso da língua – que enfatiza dependência e limitação – por uma que registre a criatividade e a flexibilidade do uso da língua, a necessidade de imaginação, empreendimento e inovação para alcançar, por meio da conversação, um encontro de mentes. Vamos chamar isso de *Visão de Invenção*.

Como os romances de Alice continuam a desafiar nossas expectativas linguísticas e demonstram as limitações dessas expectativas, podemos considerá-los precursores da perspectiva da invenção. É certamente expresso pela injunção da Duquesa, "Cuide do sentido, e os sons vão cuidar de si mesmos",[184] que sugere que o que importa para a comunicação não são as palavras especificamente proferidas, mas a sua compreensão da maneira pretendida. Os romances de Alice também zombam da utilidade das "lições", do tipo daquelas que se encontram em um "livro de francês", ao tentar conversar com um rato.[185] E certamente não devemos levar as instruções da Rainha Vermelha sobre como Alice deve falar muito a sério – incluindo "Abra

---

182. Carroll, *Alice's Adventures*, p. 36. [N.T.: Em inglês, os termos *tale* e *tail*, usados no referido diálogo, são homófonos, ou seja, são pronunciados da mesma maneira. Em português isso acontece com as palavras calda e cauda; optei pelo uso da expressão "dar um caldo", distorcendo-a um pouco pela utilização do termo calda em vez de "caldo".]
183. Ibid., p. 83.
184. Ibid., p. 107.
185. Ibid., p. 28. "Lições" são referidas repetidamente em ambos os romances.

um *pouco* mais a sua boca ao falar" – cujo resultado é que "Por alguns minutos, Alice ficou sem fala".[186] Além disso, a mudança de regras para intenções de comunicar é ecoada na reclamação do Rei Branco: "Minha querida! Eu realmente *devo* conseguir um lápis mais fino. Não consigo usar este aqui; ele escreve todo tipo de coisas que eu não pretendo escrever".[187]

Mesmo assim, enquanto os romances de Alice certamente nos encorajam a exagerar o papel que as regras têm na comunicação, elas também exibem uma atitude simpática à perspectiva institucional. "Se [gatos] ronronassem apenas para 'sim', e miassem para 'não', ou qualquer regra desse tipo", diz Alice depois de escapar do turbilhão linguístico de através do espelho, "então seria possível manter uma conversa".[188] Por enquanto, vamos considerar apenas em que os romances de Alice divergem de Davidson, mas primeiro vamos dar uma olhada em uma outra área de convergência.

"Qual a utilidade de um livro sem figuras ou diálogo?"[189]

"O sucesso na comunicação", Davidson insiste, "é o que precisamos entender antes de perguntar sobre a natureza do significado ou da linguagem".[190] Os romances de Alice concordam com isso. No parágrafo de abertura de *País das Maravilhas*, Alice se pergunta sobre a "utilidade" de "um livro sem diálogos".[191] E somos informados de que Alice "gostava muito de fingir ser duas pessoas" quando ficava sozinha, sugerindo que conversar ou dar "bons conselhos" para si mesma é de algum modo parasítico em relação a conversar com outra pessoa.[192] Da mesma maneira, quando fica presa na casa do Coelho, Alice "continuou, primeiro argumentando de um lado e depois do outro, e fazendo uma conversa disso tudo", pelo menos até que "ela ouviu uma voz lá fora".[193] Sem surpresa, Alice se sente "bem feliz por ter começado a conversar", quando ela encontra a Duquesa,[194] e fica igualmente "feliz por ter alguém com quem

---

186. Veja Carroll, *Through the Looking-Glass*, p. 37-39, 44, 145-147, 160-162.
187. Ibid., p. 26.
188. Ibid., p. 170.
189. Carrol, *Wonderland*, p. 11.
190. Davidson, *Truth, Language, and History*, p. 120.
191. Carroll, *Alice's Adventures*, p. 11.
192. Ibid., p. 19.
193. Ibid., p. 44.
194. Ibid., p. 70.

conversar", quando o Gato de Cheshire aparece.[195] Alhures, Alice trava "diálogos" com um rato em um rio de lágrimas, com uma lagarta que fuma narguilé, e com o Chapeleiro Maluco,[196] e finge conversar com uma gatinha e um rato.[197]

Por trás dessa ênfase compartilhada na comunicação está a hostilidade que eu chamarei de *Perspectiva Solipsista*, de acordo com a qual a natureza da linguagem pode ser entendida ao se focar no falante individual isolado de seu ambiente físico e social.[198] (Um solipsista acredita que apenas ele existe.) Davidson com certeza não é um fã da visão solipsista, insistindo como o faz no "elemento social essencial no comportamento linguístico".[199] "Não teríamos uma língua", ele afirma, "se não houvesse outros que nos entendessem e a quem entendêssemos; e tal compreensão mútua requer um mundo compartilhado tanto casualmente quanto conceitualmente".[200] Cruzamos com a visão solipsista quando o Cavaleiro Branco cai "de cabeça num buraco fundo":

> "Como você *consegue* continuar falando tão calmamente, de cabeça para baixo?", perguntou Alice, ao mesmo tempo que o puxava pelos pés e o colocava sobre um montículo.
>
> O Cavaleiro olhou surpreso com a pergunta. "O que importa o lugar onde meu corpo acontece de estar?", ele disse. "Minha mente continua trabalhando do mesmo jeito. Na verdade, quanto mais de cabeça para baixo eu fico, mais eu consigo inventar coisas novas."[201]

Para o Cavaleiro, onde seu "corpo acontece de estar" – em qual ambiente físico ou social ele está – é irrelevante para o "funcionamento" de sua mente e sua "tranquila" expressão linguística. De fato, o Cavaleiro Branco acha que o mais longe que estiver da conversação, maior sua capacidade de "inventar". Dados os absurdos de suas invenções – incluindo as caneleiras de cavalo para "proteger contra

---

195. Ibid., p. 100-102.
196. Ibid., p. 29, 53-54, 82.
197. Carroll, *Through the Looking-Glass*, p. 16, 31.
198. O que eu digo aqui aborda um debate na filosofia da linguagem e da mente sobre se o que um sujeito diz ou pensa está determinado em parte pelo ambiente físico ou social em que ele se encontra. Sobre esse debate, veja Gregory McCulloch, *The Mind and Its World* (London: Routledge, 1995).
199. Davidson, *Truth, Language, and History*, p. 109.
200. Ibid., p. 176.
201. Carroll, *Through the Looking-Glass*, p. 135-136.

mordidas de tubarão"[202] – evidentemente não supomos que devemos endossar sua perspectiva.

A hostilidade de Davidson em relação à visão solipsista o conduz à hostilidade contra a visão institucional. De maneira interessante, entretanto, os romances de Alice associam a visão solipsista com um *inventor*, sugerindo que na verdade é a perspectiva da invenção que sofre de duradouro solipsismo.

"Tenho um bom argumento para nocauteá-la"[203]

Nesse ponto você deve estar se perguntando se *alguma* compreensão das regras não é realmente necessária para o uso da língua. Para Davidson, compreensão das regras é "uma muleta para a interpretação, uma muleta sem a qual não podemos ficar na prática, mas uma muleta que, sob condições ótimas para a comunicação, podemos no final jogar fora, e sem a qual podíamos ter ficado desde o começo".[204] Mas o que as "condições ótimas" de Davidson envolvem? Se elas envolvem interlocutores humanos que tenham superpoderes, pode ser verdade que *em teoria*, quando tais condições são atingidas, participantes em uma conversa podem ficar *sem* regras. Mas dar peso a isso parece contraditório à insistência antissolipsista em manter a perspectiva, ao procurar entender a natureza da linguagem, do que é realmente necessário para a comunicação que criaturas como nós travamos, baseados nos tipos de circunstâncias nas quais geralmente nos achamos. Então, se assumir as condições ótimas não envolve habilidades sobre-humanas, seria a compreensão das regras desnecessária para a comunicação? Apesar de "Invenção pura ser... possível",[205] ela é certamente *parasítica* em relação às regras estabelecidas. Ninguém entenderia o que está sendo expresso quando Alice usa "cada vez mais e mais curioso" ou quando a Falsa Tartaruga usa "enfeização" sem um entendimento prévio dos termos como "mais curioso" ou "embelezar", e muito menos uma compreensão das regras que governam os padrões de uso. Da mesma forma, não sendo familiar ao uso apropriado dos termos do "Jabberwocky", Alice simplesmente "não consegue entendê-lo absolutamente", precisando que Humpty Dumpty lhe explique que "'*Briligar*'

---

202. Ibid., p. 130.
203. Ibid., p. 100.
204. Donald Davidson, *Inquiries into Truth and Interpretation*, 2. ed. (Oxford: Oxford University Press, 2001), p. 279.
205. Davidson, *Truth, Language, and History*, p. 109.

significa serem quatro da tarde".[206] Na ausência de instruções, parece, a comunicação não prossegue.

Por analogia, considere a Corrida do comitê, cujos participantes "começaram a correr quando quiseram, e pararam quando quiseram",[207] ou o jogo de toque-emboque da Rainha de Copas, no qual não parece haver "qualquer regra em particular; pelo menos, se há, ninguém a segue".[208] Parece que, para uma atividade ter significado e propósito, algumas regras precisam vigorar. (Os motivos dominantes de ambos os romances são as atividades governadas por regras: cartas e xadrez.)

A perspectiva da invenção parece assumir que se uma expressão tem significado e qual significado ela tem está inteiramente sob a responsabilidade do falante. Mas isso sugere solipsismo, como se entender o que você diz estivesse fixado totalmente por suas intenções – inteiramente independente das influências externas. Humpty mantém essa perspectiva:

> "Eu não entendo o que quer dizer com 'glória'", disse Alice.
> Humpty Dumpty sorriu desdenhosamente. "Claro que não – até eu lhe contar. Eu quis dizer 'tenho um bom argumento para nocauteá-la!'"
> "Mas 'glória' não significa 'um bom argumento para nocauteá-la'", objetou Alice.
> "Quando uso uma palavra", disse Humpty Dumpty em um tom um tanto escarnecedor, "ela significa exatamente o que eu escolho que signifique – nem mais nem menos".
> "A questão é", disse Alice, "se você *pode* fazer as palavras significarem coisas diferentes".
> "A questão é", disse Humpty Dumpty, "quem é o mestre – só isso".[209]

Essa conversa deixa claro que não se pode simplesmente dizer escolher um significado para uma expressão, pois o significado não está totalmente sob a responsabilidade de um indivíduo isolado; ele é influenciado por fatores externos. Alice não é imune aos erros de Humpty:

> "Então você deveria dizer o que quer dizer", a Lebre de Março continuou.

---

206. Carroll, *Trough the Looking-Glass*, p. 102.
207. Carroll, *Alice's Adventures*, p. 33-34.
208. Ibid., p. 99-100.
209. Carroll, *Through the Looking-Glass*, p. 100.

"Eu estou dizendo", Alice respondeu depressa; "pelo menos – pelo menos eu quero dizer o que digo – é a mesma coisa, tá".

"Não é a mesma coisa nem um pouquinho!", disse o Chapeleiro. "Você também deve dizer que 'eu vejo o que como' é o mesmo que 'eu como o que vejo!'"[210]

Alice acha que o que alguém diz é sempre aquilo que essa pessoa intenciona dizer, que o que alguém entende dentro da comunicação coincide com o que aquela pessoa intenciona dizer.

Claro, Davidson concorda que a visão de Humpty é absurda. Mas ele insiste que o que impõe limitações *não* são as regras em comum, mas as *intenções da comunicação*:

> Na fala ou na escrita queremos ser entendidos. Não queremos o que sabemos ser impossível: pessoas só podem entender palavras para as quais elas estão previamente preparadas para entender... Navegar pela rede da língua não pode, portanto, implicar invenção ilimitada de significado.[211]

Davidson então concorda que ninguém pode criar significado "*ex nihilo*, mas a partir do nosso estoque de conhecimento comum",[212] que inclui conhecimento de usos passados ou típicos das expressões. Mas, pergunta-se, se Davidson permite que a comunicação geralmente requeira sensibilidade a padrões de uso, a modos como as expressões são empregadas, quais razões existem para resistir ao curto passo em direção a permitir que a comunicação geralmente requeira sensibilidade para regras que estabelecem tais padrões e regularidades? É difícil de enxergar uma.

Eu cedi terreno para Davidson, aceitando que apelar para regras compartilhadas é inadequado para explicar como a comunicação funciona. Além disso, eu mostrei que a compreensão das regras é às vezes exigida, não que o seja sempre. Entretanto, não procede que, como Davidson sugere, a noção de que regras linguísticas não são significativas. Nada dito até agora subestima a ideia de que a compreensão das regras *possivelmente* (senão indispensavelmente ou somente ela) tenha um papel na conversação, ou que tais regras *tipicamente* facilitam e influenciam a troca comunicacional.

---

210. Carroll, *Alice's Adventures*, p. 82.
211. Davidson, *Truth, Language, and History*, p. 147.
212. Ibid., p. 157.

Considere que, no geral, o que *realmente* expressamos, e é interpretado, está em desacordo com o que *intencionamos* dizer. Alice é vítima disso várias vezes. De fato, embora os romances de Alice sejam geralmente vistos como pertencentes ao gênero literário do *nonsense*, é surpreendente a frequência com que os personagens tomam Alice *literalmente*, achando que ela quer dizer exatamente o que suas palavras dizem. Por exemplo:

> "O que é que você quer comprar?", disse a Ovelha finalmente, tirando os olhos de seu tricô por um momento.
> "Eu não sei *bem* ainda", Alice disse, bem gentilmente. "Eu gostaria de olhar tudo ao redor, se eu puder."
> "Você pode olhar para a sua frente e para os dois lados se quiser", disse a Ovelha: "mas não pode olhar *tudo* ao seu redor – a menos que tenha olhos na nuca".[213]

Alice se expressa de um modo que possibilita induzir a um erro ao não escolher palavras tipicamente entendidas para expressar o pensamento que ela quer transmitir, a saber: *que ela gostaria de dar uma olhada na loja primeiro*. Claro, é a Ovelha em sua injustiça, focando muito as palavras escolhidas e não o suficiente no propósito da enunciação, que torna a intenção de Alice clara. Claramente, entretanto, algum tipo de significado estabelecido *está* afetando a conversa, e está certamente induzindo a ver esse significado como determinado por regras. Essa situação, do significado das palavras de alguém (institucionalmente) influenciar o que esse alguém quer que isso signifique, é bem representada pela moral da Rainha Vermelha: "Uma vez que você disse uma coisa, isso fica fixado, e você deve aguentar as consequências".[214]

Agora vamos considerar a altercação de Alice com Humpty:

> "Quantos anos você disse que tinha?"
> Alice calculou rapidinho e disse: "Sete anos e seis meses".
> "Errado!", Humpty Dumpty exclamou triunfantemente. "Você não disse nada disso!"
> "Eu achei que você quisesse dizer 'Quanto anos você *tem*?'", explicou Alice.
> "Se eu quisesse dizer isso, eu teria dito isso", redarguiu Humpty Dumpty.[215]

---

213. Carroll, *Through the Looking-Glass*, p. 86-87.
214. Ibid., p. 151.
215. Ibid., p. 97.

Ou a resposta de Alice para a oferta de "mais chá" feita pela Lebre de Março:

"Eu ainda nem tomei nada", Alice replicou em um tom ofendido, "portanto não posso tomar mais."

"Você quer dizer que não pode tomar *menos*", disse o Chapeleiro: "é muito fácil tomar *mais* do que nada".[216]

Nesses diálogos, a compreensão das palavras de seus parceiros conversacionais por parte de Alice está em desacordo com o que é expresso literalmente por eles. Novamente, Alice está certa, pois em contextos conversacionais comuns, diferentemente de chás malucos, entender-se-ia que uma oferta como a da Lebre implica que a pessoa já tomou chá.[217] O ponto importante é que as palavras da Lebre parecem carregar um tipo de sentido estabelecido aos quais falantes competentes são sensíveis, e que influencia (se não fixa) o que está implicado. Novamente, está se induzindo à visão de que o significado é determinado pelas regras em oposição às intenções do falante em dada ocasião.

Então Davidson está certo em sugerir que compreensão de regras compartilhadas é suficiente para a comunicação, que "compreensão mútua é alcançada por meio do exercício da imaginação, do apelo ao conhecimento geral do mundo, e da consciência dos interesses e atitudes humanas".[218] Mas ele não mostrou regras (e com elas significados estabelecidos) que sejam inteiramente desnecessárias para a comunicação ou que não tenham aplicação em parte alguma. Pode haver uma regra para a perspectiva institucional afinal, embora possa ser mais modesta.

Davidson talvez questione se precisamos apelar especificamente para regras ao explicar o que está acontecendo em situações como as descritas anteriormente. Alguém pode ver o significado estabelecido como fixo não por regras, mas por peso acumulado do uso passado na comunicação, quais assuntos lhe são familiares, e quais geram certas expectativas e determinam uma gama de modos nos quais a nova enunciação pode ser entendida. Mas, novamente, se Davidson está preparado

---

216. Carroll, *Alice's Adventures*, p. 88; veja também *Through the Looking-Glass*, p. 97, 146-147.
217. Paul Grice, em *Studies in the Way of Words* (Cambridge, MA: Harvard University Press, 1989), investiga em detalhes a distinção entre o que uma enunciação expressa literalmente e o que ela implica em um dado o contexto conversacional. Os escritos de Grice podem ser intimidadores. Para uma introdução acessível, veja William Lycan, *Philosophy of Language: A Contemporary Introduction*, 2. ed. (London: Routledge, 2008), cap. 13.
218. Davidson, *Truth, Language, and History*, p. 110.

para permitir tudo isso, parece haver poucas razões para parar antes de aceitar que regras, tanto quanto fatos, têm um amplo papel na comunicação, mesmo que a compreensão delas não seja suficiente para que a comunicação seja bem-sucedida, e mesmo que possa haver ocasiões de comunicação inovadoras que transcendam as regras. Davidson injustamente sela a visão institucional com comprometimentos que ela não precisa ter. Tudo o que ela precisa envolver é o pensamento de que há regras para o uso de palavras que determinam seus sentidos (literais), não que aquelas regras sejam sempre compartilhadas ou que permaneçam constantes através do tempo.

"A língua vale mil libras por palavra"[219]

Em última análise, Davidson é hostil à perspectiva institucional porque ele a associa com a visão solipsista. Ele acredita que essa visão apresenta a competência linguística envolvendo um tipo de "máquina de interpretar portátil programada para fabricar o significado de uma enunciação arbitrária",[220] que vê a comunicação como comandos algorítmicos executados mecanicamente, sem a sensibilidade aos parceiros conversacionais ou às situações. Mas pode-se ver o uso da linguagem como envolvendo regras e, ao mesmo tempo, insistir que os interlocutores precisam também de certo nível de conhecimento do mundo, imaginação e sensibilidade – uma habilidade de adaptar e mesmo de descartar as regras de acordo com o que pede a ocasião. Além disso, ao apresentar as conversas como se elas tivessem surgido do nada, sem a bagagem da história e da circunstância social, parece que a perspectiva da invenção de Davidson sofre de seu próprio solipsismo. Os romances de Alice nos lembram de que é simplesmente um fato sobre nós que nos encontramos arremessados em um mundo que já contém certas instituições, inclusive línguas, que limitam, facilitam e influenciam nosso comportamento. Certamente, por meio da iniciação nas práticas linguísticas governadas por regras, os sujeitos se apropriam de um sofisticado sistema de princípios para formar e manipular as representações do mundo, um sistema que nenhum indivíduo isoladamente, ou em par, poderia estabelecer do início. Alice certamente aprecia os benefícios do conhecimento acumulado:

---

219. Carroll, *Through the Looking-Glass*, p. 47.
220. Davidson, *Trugh, Language, and History*, p. 107.

Ela tinha lido várias histórias sobre crianças que se queimaram, e foram devoradas por animais selvagens, e outras coisas desagradáveis, tudo porque elas *não* se lembraram de regras simples que seus amigos lhes ensinaram: que um atiçador em brasa vai lhe queimar se você segurá-lo por muito tempo; e que, se você cortar seu dedo *muito* fundo ele sangra; e ela nunca se esqueceu de que se você beber muito de uma garrafa com um rótulo "veneno", é quase certo de que lhe causará má-digestão, cedo ou tarde.[221]

Assim, Davidson não nos dá qualquer razão para negar a existência ou importância das regras linguísticas. Regras não são tudo. Mas também não são nada. *Há* tal coisa como linguagem, mesmo se ela for muito mais parecida com o que muitos filósofos supõem.[222]

---

221. Carroll, *Alice's Adventures*, p. 17-18.
222. Agradeço muito à minha mulher, Hayley, e a meus colegas em Southampton pelos valiosos comentários sobre as versões anteriores deste material.

Parte III

"SOMOS TODOS LOUCOS AQUI"

Alice, percepção e realidade: pedras no lugar de gelatina

Robert Arp

Quando eu era jovem, eu adorava as histórias de *Alice*, como qualquer criança. Mas agora que eu sou mais velho, não consigo deixar de pensar comigo mesmo: "O que é que esse Lewis Carroll estava fumando quando escreveu isso?" E não estou sozinho, obviamente, já que muita gente fez essa observação ao longo dos anos. Estar em um estado induzido por drogas pode fazer com que alguém se pergunte se o que eles estão percebendo está realmente acontecendo no mundo real. Eu tive uma reação bizarra a um analgésico certa vez quando estava no hospital. Eu achei que alguém tinha colocado uma pilha de pedras para eu comer no criado-mudo. Da perspectiva da minha alucinação, as pedras estavam lá esperando para serem comidas. Eu chamei a enfermeira para perguntar se ela estava vendo as pedras também, e depois de rir um pouco, ela me disse que eu estava "vendo coisas" que não estavam lá, provavelmente por causa do analgésico. Era, na verdade, gelatina o que estava no criado-mudo.

A história de *Alice* e a minha experiência alucinógena no hospital me fizeram pensar sobre a diferença entre o que eu percebo e o que realmente existe em relação a mim mesmo, ao mundo à minha volta, e à realidade em geral. Mas o que faz a "realidade" de uma pessoa? Seria a realidade apenas o conjunto das minhas percepções e ideias, ou existe um mundo externo a mim? E se existem meu mundo de percepções e um mundo externo a mim, então como eu consigo, se é que eu consigo, ir além dessas percepções para saber se elas coincidem com a realidade? Assumindo que existe uma realidade além das minhas percepções, quero estar seguro de meu conhecimento sobre aquela realidade. Quero *saber* que minha percepção de uma pedrinha corresponde de fato a uma pedrinha, e que minha experiência com gelatina corresponde realmente a uma gelatina. Mas como posso eu estar seguro do meu conhecimento?

O tema da aparência e realidade emerge de maneira recorrente nas histórias de Alice. O que Alice *percebe* não é sempre o que *realmente* é. Considere que toda a história do País das Maravilhas é um sonho enorme, já que a irmã de Alice a acorda para o chá no final. Alice nunca visitou um lugar real chamado País das Maravilhas; ela apenas pensou que visitara. Neste capítulo, vamos explorar essa distinção percepção/realidade que pode ser encontrada nas histórias de *Alice*. Começaremos distinguindo entre uma apreensora, suas percepções e os objetos que ela está percebendo. Para nos ajudar a entender como essas coisas estão relacionadas, vamos olhar para duas distinções importantes na metafísica (o estudo do ser) e a epistemologia (o estudo do conhecimento humano). No fim, veremos que tanto Alice quanto Lewis Carroll sustentam que há de fato um mundo real – nossas percepções assim nos dizem.

"O barulho confuso do quintal"

Parece óbvio que outras pessoas, animais de fazenda, coelhos, gatos, maços de baralho, e mesmo relações matemáticas como o teorema de Pitágoras, existem "lá fora", para além da nossa percepção deles. À maioria de nós passa batido que há um mundo de coisas existentes fora de nossa mente, não importando se as estamos percebendo ou não. E que, de fato, tais coisas continuariam a existir se fossem ou não percebidas por nós ou qualquer outra pessoa.

Pare um momento, entretanto, e pense sobre o que você tem consciência quando percebe outras pessoas, animais de fazenda, coelhos e similares. Por exemplo, neste momento eu estou sentado em frente ao meu computador escrevendo este capítulo em um *deck* com vista para uma praia no Lago Michigan. Eu vejo a tela do computador à minha frente, eu sinto o cheiro da água do lago, eu escuto as ondas batendo na praia, eu sinto a ponta dos meus dedos batendo no teclado, eu sinto o *deck* sob meus pés. Eu também posso fechar meus olhos e formar uma imagem ou ideia da tela, do teclado, do *deck*, do lago e das ondas.

Note que podemos falar sobre diferentes tipos de coisas nesse exemplo:

1. **O Apreensor** Sou eu, o *apreensor* que tem percepções e ideias.
2. **A Percepção** São as *minhas percepções* da tela, do teclado, do *deck*, do lago, das ondas que tomam a forma das impressões da vista, do som e do sentimento, bem como das imagens e das ideias.
3. **O Percebido** Os *objetos externos da minha percepção*, o computador e o teclado reais na mesa, o próprio lago, o *deck* de madeira.[223]

Considere a figura abaixo. Lá está Alice, que é a apreensora. Lá estão as percepções de Alice, que incluem suas sensações, pensamentos e ideias sobre lagartas, gatos, cartas e outras coisas. Finalmente, lá estão os objetos externos da percepção de Alice, que incluem lagartas de verdade, gatos, cartas e outras coisas no mundo lá fora.

A apreensora Alice, as percepções de Alice e o mundo percebido por Alice.

---

223. Na história da filosofia ocidental, essa distinção em três partes pode ser traçada pelo menos até Platão (427-347 a.C.), em sua famosa obra *República*, livro VII, em que ele fala sobre a alegoria da caverna. Nessa alegoria, Sócrates pede a seus ouvintes que imaginem alguém (o apreensor) acorrentado em uma caverna de frente para uma parede. Primeiro, as únicas coisas que a pessoa vê são sombras na parede diante dela (as percepções), que são produzidas como resultado das coisas e pessoas se movendo atrás dele diante da luz do fogo (os objetos externos da percepção). A pessoa se liberta, se vira para ver as coisas à luz do fogo, e talvez até consiga sair da caverna para ver as coisas claramente como elas realmente são à luz do sol. Essa alegoria representa a ascensão da ignorância para o conhecimento, mas também pode ser vista como um movimento da percepção para a realidade. A *República* de Platão pode ser encontrada em *Collected Dialogues of Plato*, trad. Lane Cooper, eds. Edith Hamilton and Huntington Cairns (Princeton, NJ: Princeton University Press, 1961). Para uma excelente introdução à *República* de Platão, veja Julia Annas, *An Introduction to Plato's Republic* (Oxford: Clarendon Press, 1981).

"Então ela se sentou, com os olhos fechados, e meio acreditou que estava no País das Maravilhas"

Mas agora certas questões emergem. Eu realmente consigo ir além das minhas próprias percepções para ter acesso ao que a tela, o teclado, o *deck*, o lago e as ondas realmente são *em si*? Talvez tudo que eu consiga perceber sejam as minhas próprias percepções? Como posso ter certeza de que os objetos externos à minha percepção estão realmente lá, ou que a maneira com a qual eles se apresentam para mim em minhas percepções se encaixa ou corresponde ao que eles realmente são? Afinal, eu não consigo sair das minhas próprias percepções e olhar para mim em relação aos objetos externos para ver se, de fato, minhas percepções correspondem a esses objetos externos. Será que "estou trancado" dentro do meu próprio mundo de percepções sensoriais? Se sim, como é que eu consigo saber que há um mundo lá fora para além das minhas percepções? Isso é pelo menos parte de como Alice provavelmente se sente no fim de suas aventuras quando ela acorda na margem do rio e pondera sobre o que acabou de acontecer.[224]

Essas questões e suas implicações têm feito com que alguns pensadores tomassem posições filosóficas conhecidas como *idealismo epistemológico* e *antirrealismo metafísico*. Epistemologia é a área da filosofia preocupada com as fontes e justificativas do conhecimento, e um idealista epistemológico pensa que as percepções ou ideias de alguém (por isso *idea*lismo) são a única fonte do conhecimento.[225] (Quero deixar claro que vou falar sobre idealismo *filosófico*, que não tem nada a ver com a compreensão comum do idealismo como uma crença nas circunstâncias ideais.) Uma possível consequência dessa visão é que eu nunca consigo dizer se minhas percepções correspondem aos objetos externos a ela. O apreensor

---

224. Na história da filosofia ocidental, distinguir entre mim, minhas percepções e os objetos externos da minha percepção se tornou especialmente proeminente para os filósofos durante o período Moderno (c. 1600-1800). O pensador geralmente visto como o pai da filosofia moderna, René Descartes (1596-1650), faz essa distinção em seu famoso livro intitulado *Meditations on First Philosophy*. Outros filósofos durante esse período, como Leibniz, Spinoza, Locke, Berkeley, Hume e Kant, estão todos preocupados com a distinção e suas implicações para a percepção e a realidade. Partes importantes das obras desses filósofos podem ser encontradas em *Modern Philosophy: An Anthology of Primary Sources*, eds. Roger Ariew e Eric Watkins (Indianapolis, IN: Hackett Publishing, 1998). Também veja o comentário em Garrett Thomson, *Bacon to Kant: An Introduction to Modern Philosophy* (New York: Waveland Press, 2001).

225. Boas introduções à epistemologia incluem Robert Audi, *Epistemology: A Contemporary Introduction*, 2. ed. (New York: Routledge, 2002), e também Matthias Steup, *An Introduction to Contemporary Epistemology* (Upper Saddle River, NJ: Prentice Hall, 1995).

está sempre impedido de ter acesso aos objetos de sua percepção. Alice provavelmente se sentiu assim em numerosas situações. Você se sentiria também, se pedrinhas se transformassem em bolinhos à sua volta.

Metafísica é a área da filosofia preocupada com a natureza e os princípios do que realmente existe, e um antirrealista metafísico (da variedade radical) acredita que não há um mundo real fora para das percepções ou ideias de alguém.[226] Idealismo e antirrealismo se encaixam muito bem. "Afinal", justifica o idealista, "tudo o que eu consigo conhecer são minhas percepções de como as coisas aparecem para mim". Em outras palavras, minhas percepções das coisas constroem ou constituem *tudo o que eu consigo conhecer*. E "afinal", justifica o antirrealista, "se tudo o que eu consigo conhecer são as minhas próprias percepções das coisas como elas aparecem para mim, e eu não consigo sair de mim mesmo para ver se minhas percepções correspondem a qualquer realidade, então minhas percepções devem ser a soma total da minha realidade". Em outras palavras, minhas próprias percepções constroem ou constituem *toda a realidade*. Se eu fosse Alice arremessada no País das Maravilhas, depois de certo tempo eu começaria a pensar como um antirrealista!

Idealismo epistemológico e antirrealismo metafísico podem ser contrastados com *realismo espistemológico* e *realismo metafísico*.[227] De acordo com um realista epistemológico, mesmo que tenhamos percepções, deve haver um mundo externo que nossas percepções representam, caso contrário não teríamos essas percepções em primeiro lugar. Apesar do fato de que a mente pode ser bastante criativa ao criar todo tipo de ideias na imaginação, parece haver certas percepções e ideias que não poderiam ter sido geradas pelo apreensor. Em outras palavras, deve haver algumas coisas "lá fora" que causam diretamente a representação de nossas percepções "aqui dentro".

Por exemplo, podemos ver como alguém como Lewis Carroll consegue imaginar todo tipo de animais que falam, cartas resmungonas, criaturas folclóricas e bestas mitológicas. As pessoas fazem isso desde que começaram a contar histórias. Mas como a mente consegue gerar a

---

226. Boas introduções à metafísica incluem Michael J. Loux, *Metaphysics: A Contemporary Introduction*, 3. ed. (New York: Routledge, 2006), e também Peter van Inwagen, *Metaphysics*, 3. ed. (Boulder, CO: Westview Press, 2008).
227. Para discussões acerca do realismo epistemológico e metafísico, antirrealismo e idealismo, veja os artigos em *Realism and Antirealism*, ed. William Alston (Ithaca, NY: Cornell University Press, 2002). Também veja John McDowell, *Mind and World* (Cambridge, MA: Harvard University Press, 1994), e E. J. Lowe, *A Survey of Metaphysics* (Oxford: Oxford University Press, 2002).

ideia de um fóssil de samambaia, de um dodô, ou do teorema de Pitágoras somente a partir de seu repertório de percepções e de ideias? Essas coisas parecem ter sido *descobertas*, não construções inventadas pela mente. Na verdade, Carroll era matemático, e tem se apontado para várias referências matemáticas na história de Alice, como aquelas relacionadas a círculos, relações inversas, limites numéricos e bases. De novo, é difícil conceber que esses objetos matemáticos – embora compreendidos, articulados e estudados pela mente – foram inventados *somente* pela mente.

Aqui é onde o realismo epistemológico e o realismo metafísico se encaixam bem. Se você acreditar que há um mundo de coisas "lá fora" que realmente existe e continuaria a existir quer você ou qualquer outra pessoa o perceba ou não, então você é um realista metafísico. Considere que de acordo com a teoria da evolução, houve um tempo em que os seres humanos, com suas percepções completas, não existiam. Devemos pensar, pergunta o realista, que antes da evolução da mente humana não havia nada acontecendo no mundo? O que devemos então fazer com os fósseis de samambaia? Não estava acontecendo nenhuma evolução antes da nossa percepção ou pensamento sobre samambaias ou qualquer outro fóssil? Isso parece absurdo. A samambaia não existiu e fossilizou em algum ponto anterior à existência da mente humana e de suas percepções? E não teria a samambaia ainda existido e sido fossilizada, mesmo que os humanos com mente para perceber as coisas nunca tivessem existido? O dodô não sobreviveu à nossa espécie, mas outras certamente sobreviverão. Devemos acreditar que essas outras espécies deixarão de existir quando nós deixarmos de existir?

Considere essa volta carrollesca em uma antiga questão proverbial: "Se uma lagarta fumando um narguilé cai de um cogumelo na floresta e quebra seu narguilé, mas ninguém está por perto para ouvir o narguilé quebrar, isso faz barulho?" Barulho requer uma coisa para *fazê-lo*, bem como uma coisa para *ouvi-lo*. De acordo com o realista, a queda do narguilé no chão da floresta produziria ondas de sons se tivesse alguém ou algo lá para perceber ou receber as ondas de som. Portanto, tecnicamente, a quebra do narguilé não faria som algum se ninguém ou nada com a capacidade de ouvir estivesse presente. Mas a quebra ainda produziria ondas sonoras que poderiam ser capturadas por uma pessoa ou coisa com uma capacidade de ouvir os sons. Por outro lado, o antirrealista iria querer que acreditássemos que o narguilé poderia se quebrar sem fazer som algum – ou seja, dado que não havia ninguém por perto para ouvir.

Além disso, realistas acreditam que Pitágoras *descobriu* e *formulou* o teorema de que $a^2 + b^2 = c^2$ corresponde a um triângulo retângulo;

Pitágoras não o *inventou totalmente*. Realistas também acreditam que o teorema existiria e seria o que é mesmo que ele nunca fosse descoberto ou formulado. Na verdade, realistas acreditam que agora mesmo, lá fora na realidade, há todo tipo de coisas esperando para serem descobertas pela mente humana e suas percepções. Apesar do fato de a mente poder sem bem criativa em suas imaginações, e apesar do fato de que pode haver muitas maneiras diferentes de perceber, há ainda alguma realidade lá fora, além da mente e suas percepções. Pensar que a "realidade" é constituída pela mente e suas percepções, como o antirrealista o faz, é equivocado, de acordo com o realista.[228]

"Tudo voltaria à simples realidade"

A maior parte das pessoas é realista epistemológica ou metafísica, incluindo Alice e Lewis Carroll. Apesar do fato de a mente de Carroll ser cheia de todo tipo de percepções imaginárias, ele parece dar por certo que suas percepções, às vezes, representam objetos exteriores de modo preciso. Que a história do País das Maravilhas termina com Alice acordando de um estado de sonho indica ao leitor que Carroll acredita que Alice, sua irmã, o rio, a margem e o chá são objetos reais da percepção que estão no mundo (ou de qualquer modo, seriam objetos reais se essa fosse uma história real, e é claro que as contrapartes no mundo real das entidades ficcionais são reais). Ao contrário, o Chapeleiro Maluco, a Rainha de Copas, Bill a Lagarta e outros habitantes do País das Maravilhas são meramente percepções de várias formas. Carroll faz tudo mudar "para a simples realidade" no fim da história.

Alice é uma realista epistemológica e metafísica também. Na própria história, enquanto ela está experimentando o País das Maravilhas, há momentos em que Alice pode estar errada sobre se suas percepções representam objetos exteriores exatamente, mas ela acredita que suas percepções podem ainda representar precisamente objetos externos (até então realmente existem habitantes no País das Maravilhas). De fato, porque Alice está consciente e preocupada com a confusão, com as grandes alterações e com a lógica maluca que ela percebe em si, nos outros, e no País das Maravilhas, isso mostra que ela pensa ser possível ter uma representação precisa dos objetos exteriores. A confusão, as

---

228. Para discussões desse tipo, veja Nicholas Rescher, *Objectivity: The Obligations of Impersonal Reason* (South Bend, IN: University of Notre Dame Press, 1997); também Robert Arp, "The Pragmatic Value of Frege's Platonism for the Pragmatist", *Journal of Speculative Philosophy* 19 (2005), p. 22-41.

grandes alterações e a lógica maluca emergem de uma discrepância na relação entre suas percepções e os objetos exteriores de sua percepção existentes no País das Maravilhas.

Vamos ser cuidadosos aqui. Alice *pensa* ou *acredita* que há um mundo real lá fora para ser descoberto, e acha que ele pode ser representado com precisão pelas suas percepções. Se há realmente um mundo lá fora, é uma questão em aberto. Obviamente, o País das Maravilhas não é real! Mas parece que Alice, como a maioria de nós, dá por certo e assume que há um mundo real além das nossas percepções. Alice combina seu realismo epistemológico com seu realismo metafísico. Ela acha que é possível para as percepções representar os objetos externos da percepção precisamente, e isso é assim porque ela acredita que há de fato um mundo real composto de objetos externos que existe, sendo percebido ou não. Quando Alice é vencida por uma pessoa ou coisa se apresentando como alguém/algo diferente do que ele/isso é (por exemplo, Alice gritando no fim da história: "Vocês não passam de cartas de baralho!"), ela acredita que há uma pessoa ou coisa real lá fora derrotando-a.

"Então ela estava considerando, em sua própria mente..."

Uma consequência infeliz de adotar o idealismo e o antirrealismo é o solipsismo, do termo latino *solus*, "sozinho", e *ipse*, "si mesmo". Se tudo sobre o que vocês estão conscientes são suas próprias percepções, e que vocês estão para sempre separados do conhecimento, quer suas percepções correspondam a quaisquer objetos externos da sua percepção, então pareceria que vocês estão sozinhos na realidade. É como se você estivesse "trancado" dentro de seu próprio mundo de percepções, nunca sabendo se há mesmo um mundo lá fora além de suas percepções.

Essa visão é ilustrada na figura seguinte. Pense em Alice como estando trancada dentro de uma sala de sua própria mente, como se alguém estivesse trancado dentro de um cinema. Agora imagine que há uma tela dentro do cinema, representando as percepções de Alice ou de qualquer um, que está conectada a uma câmera fora do cinema que transmite o mundo externo. A câmera representa os cinco sentidos de uma pessoa. Um apreensor, como Alice, tem apenas acesso à sua própria percepção da tela em sua mente. Ela nunca conseguiria sair da sala de sua própria mente para ver se suas percepções correspondem ao mundo externo, muito menos se tal mundo ao menos existe![229]

Alice presa em sua própria mente.

Podemos responder que, já que a vida pode ser percebida como solitária em alguns momentos, mas não em outros, ela não pode ser uma série de percepções sem nenhuma realidade. Pois como alguém iria saber o que uma percepção seria se não fosse por alguma realidade à qual ela pode ser contrastada? Exatamente como alguém pode não entender como são coisas como dor, egoísmo ou amor sem uma compreensão de seus opostos correspondentes (prazer, altruísmo e ódio), assim também parece que não podemos nem começar a entender o que é uma percepção a não ser que ela seja contrastada com a realidade. Considere que, no final da história,

---

229. Na história da filosofia ocidental, David Hume (1711-1776) figura proeminentemente ao sugerir a ideia de que a mente pode ser nada além de um conjunto de percepções, e que se pode considerar uma pessoa como se fosse um espectador em um teatro, observando as percepções aparecendo sucessivamente. Veja *A Treatise of Human Nature* de Hume, seção 4, cujas partes podem ser encontradas em *Modern Philosophy: An Anthology of Primary Sources*, eds. Roger Ariew e Eric Watkins (Indianapolis, IN: Hackett Publishing, 1998). Também, George Berkeley (1685-1753) considera seriamente a ideia de que podemos estar trancados dentro de nossa realidade percebida, sem acesso algum ao mundo exterior. Ele defende tal posição em *Dialogues between Hylas and Philonous*; algumas partes significativas dessa obra estão na antologia de Ariew e Watkins.

o leitor seja levado a acreditar que as percepções de Alice tenham sido incorretas, que suas aventuras no País das Maravilhas tenham sido algum tipo de sonho e que ela tenha acordado de novo no mundo real, onde ela se encontra sentada à margem de um rio com sua irmã.

Percepções são legais, mas a simples realidade é ainda melhor

As histórias de Alice nos fascinam precisamente por causa da distinção entre percepção e realidade. Nossas percepções têm nos tornado capazes de imaginar todo tipo de coisas e circunstâncias, e todos nós gostamos de fantasiar. Todos nós já tivemos sonhos dos quais desejamos nunca ter acordado. Mas todos já tivemos pesadelos também. Depois de tudo isso dito, fico feliz que a imaginação, as fantasias e os sonhos estão em contraste com a realidade, porque eu prefiro a "simples" realidade, como Carroll a chama. Eu posso contar com suas constantes confiáveis, e eu nunca tenho de me preocupar com coelhos falantes! Sim, como Alice no fim da história, eu espero que todos nós ponderemos de vez em quando sobre todos os acontecimentos curiosos que constituem o nosso mundo real e o percebido.

Quão profunda é a toca do coelho?: drogas e sonhos, percepção e realidade

Scott F. Parker

"Imagino que agora você esteja se sentindo um pouco como Alice. Despencando pela toca do coelho... Você toma a pílula azul e a história acaba. Você acorda na sua cama e acredita no que quer que queira acreditar. Você toma a pílula vermelha e fica no País das Maravilhas e eu lhe mostro quão profunda é a toca do coelho."

– Morpheus para Neo em *Matrix*

Desde sua publicação, em 1865, *Alice no País das Maravilhas* tem se tornado nosso definidor do mito cultural da realidade distorcida. Somos todos familiarizados com os personagens (a Lagarta, o Gato de Cheshire, o Chapeleiro Maluco), as frases-chave ("Cortem-lhe a cabeça!"; "Cada vez mais e mais curioso"; "Somos todos loucos aqui"), e com o enredo (Alice cai dentro da toca do coelho, perde-se no País das Maravilhas, e tem uma séria de encontros bizarros conforme tenta descobrir seu caminho para casa.) Muitos de nós associam drogas, especialmente alucinógenos, com *Alice*. De fato, a jornada de Alice pode ser lida como uma alegoria para uma intensa experiência alucinógena. Parafraseando o enredo só um pouquinho, Alice se perde e tenta encontrar seu caminho de volta para a *realidade normal*. Dentro da história há alusões precisas: a Lagarta fuma narguilé, Alice bebe um líquido misterioso e come cogumelo, as percepções de tempo e de espaço por parte de Alice são alteradas, e o impossível é rotineiro. A associação das drogas com *Alice* é tão estabelecida que *alice* se tornou uma gíria para LSD.[230]

Mas seria uma história sobre drogas?

Porque *Alice* tempera uma representação do uso de drogas, há um impulso de ler retroativamente o imaginário das drogas na história. Por exemplo, seria uma coincidência que os usuários *viajem* com as drogas e Alice faça uma viagem ao País das Maravilhas, mesmo o tipo de *viagem* que começa com uma queda dentro da toca do coelho? Essa é uma maneira de conduzir um ensaio sobre *Alice no País das Maravilhas* e drogas, olhar para qualquer alusão possível ou representação de drogas[231] e argumentar que toda a história é inspirada por uma celebração ou um guia para as drogas alucinógenas. Se esse é o tipo de coisa que lhe interessa, você está a uma busca no Google de distância da sua resposta. Para o propósito deste ensaio, eu usarei *Alice* como um guia para a metafísica (estudo da realidade) e para a epistemologia (estudo do conhecimento), especificamente o impacto das drogas sobre a percepção e o conhecimento da realidade.

O primeiro grande obstáculo para pensar sobre os efeitos que as drogas têm sobre Alice é que ela não ingere na verdade qualquer coisa até *depois* que ela já conversou com um coelho, caiu dentro de um buraco quase sem fim numa velocidade confortável, aterrissou lentamente no chão e viu o mesmo coelho usar uma porta, fechando-a por trás de si. Em outras palavras, o mundo de Alice já é bizarro antes de ela tomar qualquer droga. Isso levanta a questão de se nós não lemos muita coisa na história quando atribuímos a estranheza às drogas. Talvez uma leitura literal seja mais apropriada: a história é uma fantasia; as regras normais do mundo estão de fora; o líquido "Beba-me", o bolo "Coma-me" e o cogumelo fazem apenas o que o narrador diz: fazem Alice crescer e

---

230. Interessantemente, Albert Hoffman inventou o LSD enquanto procurava uma cura para enxaqueca, cujo mal Lewis Carroll sofria, e alguns acham que ela influenciou seus escritos sobre realidade distorcida.
231. Uma dessas alusões para aqueles que procuram tais coisas podem ser os questionamentos de Alice a respeito da sua autoidentidade. Seriam esses questionamentos a resposta racional de um ser consciente no mundo – a condição humana, sóbria ou intoxicada – ou querem sugerir a intensa introspecção geralmente trazida pelas drogas que associamos com *Alice*, marijuana e alucinógenos?

diminuir. Em uma terra estranha como o País das Maravilhas, isso faz com que as drogas não sejam tão especiais assim.

Ficamos sabendo no fim do livro que Alice sonhou a história toda do País das Maravilhas enquanto estava dormindo sob uma árvore, evitando estudar. Reconsiderando a história com isso em mente, certas coisas fazem mais sentido: os animais e as cartas que falam, a importância do tamanho físico (uma questão opressora para uma criança que deseja ser mais velha), a manifestação dos desejos de Alice (portas, poções mágicas), a lógica onírica da história (eventos começando e terminando abruptamente em sincronia com a mudança no foco do sonhador). A revelação do sonho oferece outra razão viável para o porquê das regras normais estarem desligadas, e olhar para os desafios perceptuais e epistemológicos dos sonhos será a segunda ênfase deste capítulo.

Antes de caminharmos para a análise filosófica, vamos examinar uma cena de *Através do Espelho*, a sequência de *Alice no País das Maravilhas*. Em *Através do Espelho*, Alice novamente se encontra em um mundo fantástico, dessa vez o outro lado do espelho. E mais uma vez saberemos que Alice sonhou a coisa toda. Nesse sonho, no capítulo 4 do romance, Tweedledee conta a Alice que o Rei Vermelho está sonhando a existência de Alice. A Alice na história não sabe que está em um sonho e, portanto, não pensa em perguntar se a Alice real, aquela que está sonhando, também tem sua existência sonhada, mas nós sabemos e nós perguntamos. Está implícito pela analogia: Se a Alice através do espelho pode ser sonhada pelo Rei Vermelho, não poderia a Alice em *Através do Espelho*, que está sonhando com outra Alice e com o Rei, ter sua existência sonhada por outro ser? A analogia é transparente para nós. Lewis Carroll sonhou a Alice que sonha com o Rei que sonha com Alice. Só que há mais. O personagem de Alice foi baseado em Alice Liddell, uma garota real que Carroll conhecia e com quem passava algum tempo. A questão então se torna: quem, se alguém ou algo, sonhou Liddell? E também, quem sonhou Carroll? Há um tipo de resposta para esta última: Charles Dodgson sonhou Carroll como pseudônimo, mas isso apenas levanta a questão.

Qualquer um que já tenha fumado um pouco de maconha vai reconhecer isso como uma "noia" clássica,[232] e talvez nem seja uma noia ruim, é apenas inconclusiva (como quase toda a filosofia?) e tira o chão

---

232. Devo enfatizar que eu não acho que *As Aventuras de Alice* sejam história estritamente sobre drogas como *Medo e Delírio em Las Vegas* é; *Alice* é bem adaptável a essa leitura relacionada com drogas, do mesmo modo que *Matrix* é bem adaptável para uma leitura relacionada às drogas ou a uma leitura cristã ou a uma leitura budista ou a uma leitura *cyborg* ou a muitas outras leituras.

metafísico de baixo dos pés do leitor de *Alice* exatamente como o País das Maravilhas e o espelho tiram o chão de Alice. É difícil falar qualquer coisa substancial sobre esses livros, pelo menos sobre as drogas, porque tudo já foi colocado em questão pela suspensão das leis normais da realidade. É uma consequência dessa suspensão que quaisquer conexões entre a história e o mundo exterior são especulativas e inconclusivas. Mas há pelo menos uma boa razão para que, em face desses obstáculos epistemológicos, possamos fazer melhor do que levantar as mãos para o alto em sinal de rendição.

A vida não é senão um sonho?

Quer Alice esteja viajando ou sonhando ou esteja de verdade em um mundo fantástico, sua *experiência* da realidade é a mesma. Ela a experimenta como se fosse real. Sabemos disso como leitores porque sua experiência, nos é dada sobre uma página e não temos razão para duvidar da experiência, mesmo que queiramos procurar explicações para suas causas. E assim, como leitores, aceitamos que Alice acha que está, digamos, conversando com um coelho mesmo que nós não acreditemos que ela está *realmente* conversando com um coelho. A diferença entre a experiência de Alice e nossa compreensão da experiência de Alice é muito parecida com a diferença entre aceitar a história como uma criança crédula ou pensar sobre ela criticamente. Meu principal argumento, como eu já tinha dado a entender, será que essa distinção entre uma experiência normal e uma distorcida é exagerada, se não capciosa, visto que *normal* é sugestivo de *real*. O que *experiência normal* realmente significa não é que nós experimentamos as coisas tais como são, mas que nós experimentamos coisas como nós normalmente experimentamos coisas. Sabemos que nossas experiências e percepções são afetadas pelas expectativas, pelo tempo, pela luz, pelas emoções, pelos hormônios, pelo estado de alerta, dietas, exercícios, personalidade, trauma de infância e por aí vai. Essa poderia ser uma lista bem longa, sem falar nas drogas que podemos ter ingerido – medicamentos, nicotina, álcool, cafeína, erva-de-são-joão, Tylenol, e por aí vai, outra longa lista. Não é como se nós víssemos tudo perfeitamente claro até que sonhamos ou bebemos algum líquido misterioso e nesse ponto as coisas começassem a enlouquecer. Para falar objetivamente, as coisas já são loucas. E então como confiamos nas nossas percepções, acordados ou sonhando, sóbrios ou intoxicados?

Ter em mente que nossas concepções de *normal* e *distorcido* são contingentes de nossa maneira habitual de ver as coisas, e que nós temos na melhor das hipóteses uma fraca reivindicação da *verdadeira realidade*, vamos dar uma olhada nas drogas e sonhos em *Alice no País das Maravilhas* como casos paradigmáticos de como a realidade – experiência da realidade – *muda*. As razões pelas quais estou tratando drogas e sonhos como muito próximos é que (1) eles estão bastante imiscuídos em *Alice*; e (2) na vida cotidiana assumimos que há uma demarcação clara entre consciência normal (pensamento desperto e lúcido), por um lado, e consciência distorcida (intoxicação, sonhos) por outro.

Dois filósofos que consideram o problema da percepção bem à moda de Alice são Platão e Chuang Tzu; cada um escreve sobre sonho e autoidentidade. Platão, no *Teeteto*, relata um diálogo entre Sócrates e Teeteto.

> Sócrates: Como você pode saber se nesse momento você está dormindo, e que todos os seus pensamentos não são um sonho; ou se você está acordado, e conversando em um estado desperto?
>
> Teeteto: Eu não sei como provar um, muito menos como provar o outro, pois em ambos os casos os fatos correspondem precisamente; e não há dificuldade em supor que, durante toda essa discussão, nós estejamos conversando em um sonho; e, quando em um sonho parecemos estar narrando sonhos, a semelhança entre os dois estados é bastante impressionante.
>
> Sócrates: Você percebe, então, que uma dúvida sobre a realidade dos sentidos é facilmente suscitada, pois pode até mesmo haver dúvida sobre se estamos acordados ou em um sonho.[233]

Compare essa passagem de Platão a esta de *Alice*:

> "Mas eu não quero ficar com gente maluca", comentou Alice.
>
> "Oh, não há como evitar", disse o Gato, "somos todos malucos aqui. Eu sou louco. Você é louca".
>
> "Como sabe que sou louca?", perguntou Alice.
>
> "Você deve ser", respondeu o Gato, "ou não teria vindo parar aqui".[234]

---

233. Platão, *The Works of Plate* (New York: Random House, 1956), p. 502-503.
234. Lewis Carroll, *Alice's Adventures in Wonderland and Through the Looking-Glass* (New York: Penguin Putnam Inc., 2000), p. 65.

O Gato de Cheshire sinaliza (para o leitor esperto) que Alice está necessariamente louca *porque* ela está em um sonho. Isso poderia funcionar para nós como leitores, mas Alice não tem o privilégio que nós temos de saber (que ela está sonhando); assim, para ela as palavras do Gato parecem ser erradas (ela não se sente louca) ou sem sentido (como ele sabe?). E esse é em grande parte o ponto de Platão no *Teeteto*: enquanto acordado ou no sonho, não se sabe (geralmente) com certeza em qual estado se está e, portanto, devemos ficar atentos o tempo todo à *possibilidade* de que somos loucos.

Um problema epistemológico similar é levantado em *Alice* quando ela encontra a Lagarta. Ela diz para a Lagarta: "Ter tantos tamanhos diferentes em um dia é bem confuso". Quando a Lagarta nega isso, Alice continua: "Bem, talvez você ainda não tenha descoberto isso, mas quando você se transformar em uma crisálida – e um dia você vai, você sabe – e depois em uma borboleta, eu acho que você vai se sentir um pouquinho esquisito, não vai?" Novamente a Lagarta nega. Então Alice faz uma concessão parcial: "Bem, talvez *seus* sentimentos possam ser diferentes, tudo o que eu sei é que ia ser bem estranho pra *mim*".[235] Dessa vez, em vez de negar Alice, a Lagarta pergunta diretamente quem é a Alice que se sentiria estranha mudando para uma crisálida e então para uma borboleta. Essa questão de identidade é interessante porque força Alice a se perguntar: se ela mudar tanto, ainda haverá uma parte dela que continue sendo a *verdadeira* Alice?

O antigo filósofo taoista Chuang Tzu levanta uma questão similar à da borboleta: "Certa vez Chuang Chou sonhou que era uma borboleta, uma borboleta voando por aqui e por ali, feliz consigo mesma e fazendo o que desejasse. Ela não sabia que era Chuang Chou. De repente ele acordou e lá estava ele, sólido e nítido Chuang Chou. Mas ele não sabia se ele era Chuang Chou que sonhou ser uma borboleta, ou uma borboleta que estava sonhando ser Chuang Chou".[236] Em termos de *Alice*, como ela sabe que não é uma borboleta sonhando que é Alice, ou uma Alice gigante sonhando que é Alice pequena, ou uma garota diferente sonhando que é Alice, e daí por diante? E então como nós sabemos que não somos borboletas sonhando que são humanos, ou humanos sonhando ou alucinando (por qualquer que seja a razão)? Em rigor, não sabemos. Não podemos escapar de um pouco de ceticismo em relação às nossas percepções e identidades, e ainda assim geralmente procedemos como

---

235. Ibid., p. 49.
236. Burton Watson, *Chuang Tzu: Basic Writings* (New York: Columbia University Press, 1996), p. 45.

se nossas percepções fossem confiáveis. E o que a percepção diz a usuários de drogas, sonhadores e Alice além do que nos diz em nossas horas acordados? Que *isso* é real.

A terra do *real*?

"Lembre-se: tudo o que estou oferecendo é a verdade."

– Morpheus para Neo, de novo, em *Matrix*

"Se as portas da percepção fossem abertas, tudo pareceria para o homem como realmente é, infinito."

– William Blake, *O Casamento do Céu e da Terra*

Certo número de pessoas, e até mesmo alguns filósofos, têm dito que as distorções da percepção *normal* que as drogas induzem, na verdade, levam às vezes *a* uma compreensão da realidade mais verdadeira e real, não *para longe* dela. Essa é uma posição profundamente contraintuitiva, porque, como Bertrand Russell escreveu: "Na procura pela certeza, é natural começar com as nossas experiências presentes, e em algum sentido, sem dúvida, o conhecimento deve ser derivado delas. Mas qualquer afirmação sobre o que é que nossas experiências imediatas nos fazem conhecer é bastante possível que esteja errada".[237] Tal afirmação estaria possivelmente errada por causa das inúmeras imperfeições da nossa percepção: vemos e ouvimos apenas finas faixas do espectro de luz e do som, e geralmente apenas em escalas que têm sido vantajosas para a evolução, e ainda assim com falhas.

Mas o argumento de que as drogas podem nos levar para uma compreensão mais real da realidade não quer dizer que as drogas melhorem a nossa percepção. A posição é que algumas drogas realmente podem, às vezes, ativar uma experiência mística, e em uma experiência mística vê-se o mundo como ele realmente é. Geralmente isso envolve dissolver a separação entre sujeito e objeto, e vem com uma imperturbável convicção de que se está vendo as coisas como elas *realmente são*. O enigma é que o místico está certo de que ele vê como as coisas realmente são, mas a experiência está limitada a ele. Ninguém mais pode acessar ou verificar isso. Mas, ainda assim, o místico acredita, ele tem certeza – ou tinha enquanto estava em seu estado místico.

---

237. Bertrand Russell, *The Problems of Philosophy* (Oxford: Oxford University Press, 1959), p. 8.

Como eu já disse, eu sou cético em relação ao que até mesmo significa *conhecer* a realidade como tal, e não *como* um humano a conhece, exceto pelo fato de que eu tive experiências que *pareciam mais reais* para mim do que minhas experiências *normais* – e algumas dessas experiências foram sob a influência de drogas.

A primeira vez que eu comi cogumelos alucinógenos, fui com alguns amigos (também sob o efeito da psilocibina) andar por uma floresta à margem de um rio perto de onde eu moro. Eu não tenho noção de quanto tempo ficamos lá. O tempo era totalmente irrelevante para mim. Eu estava tão absorto no meu entorno que eu parei de pensar sobre qualquer coisa que não estivesse imediatamente presente. Minha atenção se tornou cada vez mais focada até o ponto em que eu não estava consciente da floresta, mas de um pedaço dela, e finalmente de uma única planta na vegetação rasteira. Eu estudei a planta com cuidado, vendo seus movimentos e padrões. Quando eu achei que realmente estava entendendo a planta, olhei para meus braços e minhas mãos, que estavam acariciando as folhas, para descobrir que eu não conseguia dizer onde é que meus dedos acabavam e as folhas começavam. Minhas mãos e os galhos da planta estavam conectados de modo bastante natural e sem ruptura. Então, algumas coisas estavam acontecendo. Visualmente e de maneira tátil, não havia separação entre mim e a planta, mas ao mesmo tempo parte de mim sabia que meu braço não era uma planta e que parecia assim por causa dos cogumelos. E eu me sentia grato porque estava aprendendo alguma coisa, visceralmente em vez de abstratamente, sobre o modo como eu estava conectado com o ambiente. Embora eu não tenha nenhuma inclinação para confiar completamente na alucinação, o *insight* era certo e ele permanece comigo de forma diluída até hoje. O fato de que isso parece um pouco bobo agora, eu tomo como prova da inefabilidade do *insight*, não como uma falha dele.

Eu não estou bem certo do quanto posso tirar disso – não seria a minha conexão com a terra um ou dois níveis menos literais do que parecia sob o efeito dos cogumelos? –, mas outros filósofos já usaram experiências lisérgicas para sustentar afirmações metafísicas mais amplas do que a minha. Aldous Huxley (1894-1963) conta sobre sua primeira experiência com mescalina em seu livro *As Portas da Percepção*. Huxley escreve sobre ser "chacoalhado da rotina da percepção ordinária, e ser exposto por algumas incontáveis horas ao mundo interior e exterior, não como aparecem para um animal obcecado pela sobrevivência ou para um ser humano obcecado pelas palavras e noções, mas como eles são apreendidos, diretamente ou incondicionalmente, pela Mente em sua Amplitude".[238] A mescalina para Huxley oferecia uma maneira de conhecer as coisas objetivamente, à parte de sua perspectiva normal e limitada. "Eu estava vendo o que Adão viu na manhã de sua criação – o milagre, momento a momento, da nua existência."[239]

Essa é uma afirmação e tanto, e temos de perguntar como é que a mescalina permitiu a Huxley ver a nua existência. A resposta de Huxley é que, porque a mescalina causa a perda do ego, não há a noção de um observador que observa. Em vez disso, há apenas o que é visto na consciência pura, "Mente em sua Amplitude". Isso suscita uma questão: seria o estado de não *parecer* existir um observador o mesmo do estado de não haver um observador? Se não, então a sensação de consciência pura pode ser menos real do que a consciência *normal*, porque mesmo que a percepção do observador esteja influenciando o que é visto, a consciência daquela influência é perdida. É quase impossível argumentar contra a influência da subjetividade porque não conseguimos sair da nossa própria subjetividade para algum lugar de onde argumentar. Exceto, diz-nos Huxley, quando você experimenta a consciência pura, então pode dizer que suas percepções são *mais reais*. E por uma boa razão.

Huxley apela para o trabalho do dr. C. D. Broad (1887-1971), que descreve o cérebro como um filtro para os inumeráveis estímulos do mundo. Usando a teoria de Broad, Huxley argumenta que a mescalina e outros alucinógenos desligam as válvulas redutoras do nosso cérebro e nos fornecem picos curtos de uma realidade menos filtrada, se não totalmente sem filtro. Alice, de sua parte, nunca parece experimentar essa perda do ego. Suas percepções e sua consciência de si são alteradas mas nunca perdidas.[240] Ela vê de maneira diferente, mas nunca com a "Mente em sua Amplitude" de Huxley.

Em *Cleansing the Doors of Perception*, Huston Smith (nascido em 1919), descreveu sua primeira experiência com enteógenos. Como Huxley, Smith tomou mescalina (sob a orientação de Timothy Leary, então em Harvard, por sugestão de Huxley, que era colega de Smith no MIT). Smith, um acadêmico religioso, tinha estudado misticismo e praticado meditação por décadas, "com resultados frustrantes, tenho de confessar". Ele continua: "Eu não me arrependo daqueles anos, e continuo a meditar todo dia, mas isso reforça mais a trajetória da minha vida

---
238. Aldous Huxley, *The Doors of Perception* (New York: Harper & Brothers, 1954), p. 73.
239. Ibid., p. 17.
240. Eu estou pensando aqui no tema recorrente da descontinuidade do *self* de Alice.

e me trás de volta para o aqui e agora do que produz visões místicas e estados alterados de consciência". Em relação a esses estados alterados de consciência, Smith diz: "quando *As Portas da Percepção* do Huxley apareceu, a mescalina soava como uma enviada de Deus – literalmente... [A mescalina] o introduziu no 'fluxo da beleza para a beleza intensificada, do conhecimento profundo para um mais profundo'. Talvez pudesse fazer o mesmo por mim".[241]

Quando Smith ingeriu a mescalina, "as camadas da mente, cuja maior parte do conteúdo nossa mente consciente peneira para refinar o restante em uma única camada com a qual conseguimos lidar, foram então reveladas em sua completude – abertas como em um espectroscópio em cinco camadas diferentes. (...) Eu estava experimentando a teoria metafísica conhecida como emanacionismo, na qual, começando com uma clara, contínua Luz do Vazio, essa luz então fraciona em múltiplas formas e diminui em intensidade conforme recai através de níveis descendentes de realidade".[242]

Exatamente como minha primeira experiência com psilocibina me permitiu experimentar diretamente minha conexão com a natureza, a experiência de Smith permitiu que ele visse coisas que tinha entendido antes apenas abstratamente.

Não é importante para o nosso propósito o que é emanacionismo. O importante é que (1) Smith viu coisas de modo diferente; e (2) o que ele viu parecia intensamente real. O que vale considerar aqui é que Smith e eu vimos o que estávamos procurando. A maior parte das pessoas que já usaram alucinógenos vai entender o que eu quero dizer. Aqueles que nunca usaram talvez consigam entender ao ler *Alice*. Quando Alice toma drogas, estas fazem com que ela aumente ou diminua conforme sua necessidade, mas nem sempre do tamanho que ela gostaria. Esse é o tipo de controle que a maioria das pessoas tem de suas experiências alucinógenas. Há como orientar, mas não como controlar. Timothy Leary fala sobre isso em termos de *set*: "A natureza da experiência depende quase totalmente do *set* e do *setting*. *Set* denota a preparação do indivíduo, incluindo a estrutura de sua personalidade e seu humor no momento".[243] As drogas ampliam o que já está lá.

---

241. Huston Smith, *Cleansing the Doors of Perception* (New York: Penguin Putnam, 2000), p. 6.
242. Ibid., p. 10-11.
243. Timothy Leary, Ralph Metzner, e Richard Alpert, *The Psychedelic Experience* (New York: Kesington, 1992), p. 11.

Mesmo antes de Huxley e Smith, o filósofo William James (1842-1910) tinha experimentado drogas. Veja o que ele tem para dizer sobre sua experiência com óxido nitroso:

> Uma conclusão se impôs à minha mente naquele momento, e minha impressão de sua verdade permaneceu inabalada desde então. É a de que nossa consciência normal, racional, como a chamamos, não é senão um tipo especial de consciência, embora por toda ela, separada pelo véu mais fino, jazam formas potenciais de consciência inteiramente diferentes. Podemos passar pela vida sem suspeitar de sua existência; mas dê o estímulo necessário e em um passe elas estão lá em toda a sua completude, tipos definidos de mentalidade que provavelmente em algum lugar têm seu campo de aplicação e adaptação. Nenhum estudo do Universo em sua totalidade pode ser completo se não levar essas formas de consciência em consideração. Como considerá-las é a questão – pois são muito descontínuas na consciência cotidiana. Embora possam determinar comportamentos, não podem fornecer fórmulas; ainda que abram uma região, não podem oferecer um mapa. De qualquer modo, elas proíbem uma conclusão prematura de nossa relação com a realidade. Lembrando dessa minha experiência, elas todas convergem em direção a um tipo de *insight* ao qual eu não posso deixar de atribuir algum significado metafísico. A sua chave é invariavelmente a reconciliação. É como se o oposto do mundo, cujas contradições e conflitos compõem todas as nossas dificuldades e nossos problemas, fosse fundido em uma unidade.[244]

O mais valioso sobre essa citação de James é a ideia de não descartarmos experiências com drogas de imediato. Elas talvez mostrem ou não algo mais *real*, mas elas certamente nos mostrarão algo diferente.[245] E por isso devemos ser capazes de levar em consideração quando falamos de *realidade*. Os problemas dos sonhos e de confiar nas nossas próprias percepções a qualquer momento (por causa de todas as

---

244. William James, *The Varieties of Religious Experience* (New York: Simon & Schuster, 1997), p. 305-306.
245. Elas podem até nos ajudar a entender Hegel. O óxido nitroso ajudou James. Como ele escreve em seu ensaio "Subjective Effects of Nitrous Oxide": "Algumas observações dos efeitos da intoxicação pelo gás de óxido nitroso... têm me feito entender melhor do que nunca tanto a força quanto a fraqueza da filosofia de Hegel".

coisas que naturalmente assumimos) nos mostram que nunca temos a autoridade para simplesmente repudiar experiências anormais, porque por definição todas as nossas experiências nos parecem como nossas experiências. Como Alan Watts apontou: "[Um] homem que não confia em si não pode nem confiar em sua falta de confiança e, portanto, deve ser desesperadoramente confuso".[246]

O real é falso e o falso é real

Drogas e sonhos dissolvem a distinção entre a realidade normal e distorcida, chamando nossa atenção para os pressupostos deficientes a partir dos quais essa distinção é feita. *Alice no País das Maravilhas* – história de droga, história de sonho, mito cultural – nos apresenta esses dilemas. Na verdade, essa história os constrói tão bem que *Alice no País das Maravilhas* (uma viagem alucinógena dentro de um sonho dentro de uma fantasia dentro de dois pedaços de papel) se tornou o nome para uma síndrome médica real e diagnosticável: uma condição em que uma pessoa sofre de distorções de espaço, tempo e imagem de seu corpo. Feitiços são temporários e geralmente associados com enxaqueca e drogas psicotrópicas. Se isso faz sua cabeça girar entre fato e ficção, está tudo certo. O real é falso; o falso é real; e você deve confiar em você mesmo para saber o que é o quê, mantendo em mente, claro, que você deve também confiar na sua desconfiança. Drogas, sonhos e um pouco de pensamento crítico seguem um longo caminho para nos mostrar que nossa vida cotidiana é mais parecida com a viagem de Alice pelo País das Maravilhas do que normalmente achamos.

Quanto a Alice, sabemos que quando ela acorda, pensa consigo mesma que teve um sonho maravilhoso. Assumimos que tal sonho maravilhoso ficará em sua memória, mas não esperamos que ele pareça real para ela do mesmo modo que pareceu enquanto ela estava sonhando. A esse respeito, a história de Alice difere da nossa. Quando acordamos de um sonho, voltamos de uma viagem, ou retornamos para a realidade normal de algum outro estado alterado, há sempre a chance de que os traços mais duradouros da experiência mantenham sua credibilidade, mesmo que eles percam sua proximidade. Se eles não mantêm sua credibilidade, então somos como Alice, malucos de vez em quando, e *isso* – realidade normal – é tudo o que existe. Mas se nossas experiências distorcidas duram, como as místicas geralmente

---

246. Alan Watts, "Beat Zen, Square Zen, and Zen", *Chicago Review* 42 (1996), p. 50.

duram, talvez nossa experiência normal da realidade seja parcial. Se a realidade distorcida tem qualquer coisa para nos oferecer é deixado para cada um de nós determinar por nós mesmos. Eu concordo com o que disse William James: "Sempre permanecerá uma questão em aberto se estados místicos podem ser pontos de vista superiores, janelas através das quais a mente olha para um mundo mais extenso e inclusivo".[247] A maioria das questões em torno da percepção e da realidade é aberta. Uma das únicas certezas é de que a toca do coelho é bem profunda mesmo.

---

247. James, *The Varieties of Religious Experience*, p. 335.

Perspectivismo e tragédia: uma interpretação nietzschiana da aventura de Alice

Rick Mayock

Alice não tem nada para fazer e está entediada. Ela está sonolenta – e o livro que sua irmã está lendo não tem figuras nem diálogos! Mas dentro de um curto período de tempo, ela se encontrará queimando de curiosidade quando um coelho branco com olhos cor-de-rosa passar correndo, usando um relógio e um colete, falando para si mesmo que está atrasado.

Na verdade, Alice não acha muito impressionante ver um coelho falante com um relógio e um colete. Quando ela pensa sobre isso mais tarde, ela se pergunta por que algo tão extraordinário não parecia estranho para ela. Talvez ela esteja mais curiosa sobre a ideia de um coelho falante e a possibilidade de uma aventura excitante do que sobre uma explicação acerca do que é verdadeiro e real.

O filósofo Friedrich Nietzsche (1844-1900) diz que todos nós fazemos isso – nosso "desejo de verdade" oculta um "desejo de ignorância". A fim de ter conhecimento "da verdade", de acordo com Nietzsche, devemos adotar alguma ilusão e falsidade.[248] Devemos, como os artistas,

---

248. Nietzsche desenvolve essa ideia em *Beyond Good and Evil*, trad. Walter Kaufmann (New York: Vintage Books, 1966). "O desejo de conhecimento", ele escreveu, "é baseado em um motivo oculto, sobre o fundamento de um desejo mais poderoso: o desejo da ignorância, do incerto, da não verdade!". (p. 35).

ser criadores de nosso próprio significado. Arte, para Nietzsche, torna a vida significativa, e a tragédia, a mais alta forma de arte, torna a vida tolerável. Com frequência nos encontramos em situações em que, como Alice, somos forçados a construir um mundo significativo a fim de sobreviver ao caos e à loucura que nos cerca.

Tudo isso, claro, necessita de alguma explicação. Mas vamos aceitar o conselho do Grifo: "Aventuras primeiro... explicações tomam um tempo terrível".[249]

"Importante – não importante – não importante – importante"

De acordo com Nietzsche, somos todos um pouco como Alice em nossa busca pelo conhecimento. O desejo de Alice de aceitar a aparição do Coelho Branco sem questionar é um exemplo do que Nietzsche chama de "desejo de ignorância".[250] O conhecimento exige que deixemos algumas coisas de lado. Portanto, devemos reconhecer a necessidade de ilusão para obter conhecimento. Talvez seja isso o que Alice esteja fazendo quando ela adota sua visão do Coelho Branco com um relógio e colete, balbuciando para si enquanto desce pela toca.

Alice procura avidamente por aventuras como um modo de tornar a vida mais excitante. "Alice", nos é dito, "se acostumou tanto com a ideia de esperar que só coisas fora da ordem acontecessem, que parecia bem bobo e estúpido que a vida continuasse de um jeito comum."[251] Nietzsche também olha para o mundo como uma sucessão de aventuras que nos fornecem alívio da chatice de nossas vidas. Nossas experiências estão sujeitas a muitas interpretações ou perspectivas, e nenhuma interpretação ou perspectiva específica é um ponto de vista privilegiado ou correto. Mas a fim de formar uma perspectiva, precisamos ignorar muitas outras. Desse modo, *criamos* "verdade", embora nos convençamos de que nós a *descobrimos*. A maioria dos filósofos, diz Nietzsche, não pode distinguir entre "encontrar" e "inventar". Como artistas, escolhemos, selecionamos e simplificamos nossas ideias sobre o mundo, mas por causa de nosso desejo de ignorância, acreditamos que não estamos escolhendo, selecionando ou simplificando. Como o Rei presidindo o julgamento, assentamo-nos no julgamento do que conta como relevante para nossas vidas: "Importante – não importante – importante

---

249. Lewis Carroll, *Alice's Adventures in Wonderland* (London: Penguin Books, 1998), p. 91.
250. Nietzsche, *Beyond Good and Evil*, p. 35.
251. Carroll, *Alice's Adventures*, p. 15.

– não importante",²⁵² e nos convencemos de que nossas ideias nos dão um quadro correto e preciso de como as coisas são.

Talvez seja isso o que Alice faz quando ela escolhe negligenciar quão estranho parece o Coelho Branco. Seu desejo de conhecimento (ou de uma aventura) a impele a escolher, a selecionar e a simplificar o que conta como real. É assim, de acordo com Nietzsche, que o desejo de ignorância está incorporado no desejo da verdade. Mas esse desejo da verdade deve sempre ser visto com suspeita. O desejo da verdade é baseado em uma ignorância retida que nos permite ser como Alice e procurar por aventuras na vida.²⁵³

Tocas de coelho e abismos

Alice persegue o Coelho Branco e desce pela toca. Enquanto ela desce, suas perspectivas começam a mudar de modo significativo. Seu modo normal de pensar sobre o mundo é desafiado: seu modo de pensar o tempo, o espaço e a distância. Ela se pergunta sobre pessoas de ponta-cabeça, e se gatos comem morcegos, ou se morcegos comem gatos. Os próprios fundamentos do que ela considera ser verdadeiro e real são questionados enquanto ela desce, desce, desce, e se pergunta se ela atravessará a Terra.

É reconfortante pensar sobre a verdade de algo que é dado, inabalável, e não está sujeito a interpretações e flutuações. Gostamos de pensar que a verdade é confiável e estável, como nosso alicerce e fundamento. Filósofos geralmente usam essa terminologia quando se referem ao "alicerce" do ser, ou quando se referem a alguém ou algo como "alicerçado" na realidade. Mas e se esse alicerce de repente desaparecer? E se o que pensamos ser realidade, o que nós damos por certo, fosse dissolvido sob nossos pés? Ou e se nossas crenças e assunções filosóficas mais caras sobre a verdade e a realidade acontecessem de ser buracos vazios com nenhuma base ou substância?

Nietzsche diz que nós sempre estamos correndo o risco de cair em um abismo, pois o que assumimos ser o alicerce, o estável, a "realidade" imutável, é meramente uma ficção. A crença nesse alicerce é o que ele chama de um dos preconceitos dos filósofos. Aqueles que estão conscientes dessa ausência de alicerce ou da presença de uma "realidade" imutável, ele chama de "espíritos livres", "uma nova

---

252. Ibid., p. 103.
253. Nietzsche escreveu: "Desde o começo, queremos manter nossa ignorância a fim de aproveitar uma liberdade quase inconcebível, falta de escrúpulo e de precaução, cordialidade e alegria de viver – a fim de aproveitar a vida!". (*Beyond Good and Evil*, p. 35).

espécie de filósofos".²⁵⁴ Eles "dançam à beira do abismo" porque eles não dão nada por certo e, como Alice, são conscientes da ausência de alicerce sob eles. Eles constroem um mundo no qual seus valores são manifestos, e eles não têm a pretensão de que suas visões representem a realidade objetiva. Em sua descida pela toca do coelho, Alice começa a pensar como um dos espíritos livres de Nietzsche. Tantas "coisas fora do normal" estão acontecendo para Alice que ela começa a pensar que pouquíssimas coisas são realmente impossíveis.

A aventura de Alice agora se torna um exercício de controlar as perspectivas. Suas experiências de crescimento, diminuição e queda pela toca do coelho mudam sua perspectiva e movem a narrativa para situações que desafiam suas (e nossas) percepções, que exigem novas interpretações e significados. Como Alice, criamos aventuras para nos aliviar de uma vida de estupidez e indiferença. Às vezes precisamos ouvir uma boa história, ler um bom livro, ou assistir a um filme interessante. Histórias nos dão perspectivas únicas e nos ajudam a criar significado para nossas vidas. Quando as histórias terminam, somos deixados com nada além do vazio sem sentido e ficamos novamente de cara com o abismo. Na história do Rato, a figura "Fúria" também não tem "nada para fazer" e ameaça processar o Rato e condená-lo à morte. A história do Rato é uma narrativa que termina no abismo da "morte". Conforme a atenção de Alice se desvia, o Rato fica ofendido e se afasta. Como Alice, nós também dependemos de narrativas que nos mantenham interessados, e que evitem que nossa atenção se desvie.

"Eu não sou eu mesmo, como vê"

As experimentações das perspectivas por parte de Alice seguem um novo rumo quando ela encontra um grande cogumelo crescendo perto dela, mais ou menos do mesmo tamanho que ela. Ela olha sob ele, de ambos os lados e atrás, e lhe ocorre que talvez possa olhar para ver o que está sobre ele. Alice toma várias perspectivas diferentes sobre o cogumelo, mas há um ponto de vista que esteja correto ou seja mais preciso? Para Nietzsche, essa questão não faz sentido, porque não há um cogumelo independente da experiência – apenas perspectivas sobre o cogumelo.

Mas, alguém pode objetar, podemos fazer uma distinção entre as aparências do cogumelo e a independente "realidade" existente do

---

254. Ibid., p. 10-11.

cogumelo. Deve haver alguma verdade absoluta, alguma ordem objetiva no mundo que seja independente e precedente às nossas teorias sobre o mundo. Nietzsche chama esse desejo de uma realidade independente de um dos preconceitos dos filósofos. Metafísica, um ramo da filosofia que busca o conhecimento dessa realidade independente, é uma forma de dogmatismo. Filósofos que praticam a metafísica são dogmatistas porque apresentam uma interpretação do mundo como a *única* interpretação legítima. Eles afirmam que há uma explicação verdadeira, fixa, privilegiada do universo, de que fatos existem independentemente do nosso conhecimento deles, e que a realidade é independente de nossa interpretação.

Para Nietzsche não há diferença entre a aparência do cogumelo e o próprio cogumelo. A realidade não é algo por trás das aparências; em vez disso, nós organizamos as aparências em uma perspectiva que nos possibilita sobreviver e fazer sentido de um fluxo que, caso contrário, seria sem forma, ou o que Nietzsche chama de arranjo dos "desejos de poder".[255] "Realidade" é a totalidade desses arranjos.

Alice se estica na ponta dos pés para espiar por cima do cogumelo e descobre uma grande lagarta azul sentada no topo. A Lagarta pergunta "Quem é você?", mas Alice acha difícil dar uma resposta adequada. Ela sabe quem era quando se levantou de manhã, mas percebe que mudou muitas vezes desde então. Quando a Lagarta exige uma explicação, ela pode dizer apenas que ela não é ela mesma.

Alice está tendo uma crise de identidade, e as perguntas da Lagarta trazem essa crise para o foco. Ela não consegue identificar o que ela é por causa de suas mudanças de tamanho e de aparência, e o único modo de saber é tentando se lembrar de quem ela era antes de experimentar todas aquelas mudanças. Mas isso também não funciona: "É inútil me voltar para ontem", Alice diz para o Grifo e para a Tartaruga Falsa, "porque eu era uma pessoa diferente".[256]

De acordo com Nietzsche, todos nós deparamos com uma crise similar de identidade. Nietzsche sugere que não há um *self* real ou "ego" separado das nossas experiências. Estamos constantemente mudando e nos tornando pessoas diferentes, e não há uma parte de nosso *self* que não mude. Na verdade, nossos conceitos de "eu" e de *self* são estáticos, construções mentais imutáveis. Mas eles são meras ficções e o resultado de um hábito gramatical de ligar uma ação a um agente que realiza a ação. O "fazedor", diz Nietzsche, é meramente

---
255. Ibid., p. 21.
256. Carroll, *Alice's Adventures*, p. 91.

uma ficção adicionada à "ação".²⁵⁷ Assim, o *self* é uma ficção que criamos a partir da assunção de que deve haver um fazedor para cada ação. Exatamente como não há nenhum "raio" por trás do clarão – somente o clarão em si – não há *self* por trás da atividade do *self*, e nenhuma distinção real entre "ser" e "se tornar". O erro do *self* é semelhante ao erro de pensar que há um "cogumelo" separado de nossas perspectivas do cogumelo.

Alice tenta explicar para a Lagarta que é emocionalmente difícil passar por essas grandes mudanças. "Quando você se transformar em uma crisálida – e um dia você vai, você sabe – e depois em uma borboleta, eu acho que você vai se sentir um pouquinho esquisito, não vai?",²⁵⁸ ela pergunta para a Lagarta. Mas a Lagarta não acha, já que ela sabe que o *self* é apenas uma ilusão. As mudanças dramáticas que enfrentamos durante a vida podem ser, Nietzsche sugere, a razão de nós nos agarrarmos à ilusão de um *self* imutável e permanente que resiste às constantes mudanças nas aparências. Nietzsche afirma que essa é a motivação para a crença na ficção da "alma" imortal que continua a existir depois da morte do corpo. Mas devemos suspeitar sempre dessas motivações ocultas.

Assim como o tamanho de Alice muda, modificam também suas perspectivas, e essas mudanças afetam sua cognição e sua memória. Ela não consegue se lembrar com precisão os poemas que memorizou, nem consegue se lembrar da tabuada. "Então você acha que mudou, não é?", pergunta a Lagarta. Ela responde: "Não consigo me lembrar das coisas – e não consigo permanecer do mesmo tamanho por dez minutos seguidos!".²⁵⁹

"Seja o que pareceria ser"

Com alguma instrução da Lagarta, Alice aprende a modular seu tamanho (e suas perspectivas) beliscando lados diferentes do cogumelo. Alice lembra um dos espíritos livres de Nietzsche ao tomar o controle de suas perspectivas, a não fingir que elas são de alguma forma um quadro preciso de como as coisas realmente são. Espíritos livres sabem que seu modo de vida é sua própria criação e que não é o único modo possível. Diferente dos dogmatistas, eles não impõem sua visão aos outros.

---

257. Friedrich Nietzsche, *On the Genealogy of Morals*, trad. Walter Kaufmann e R. J. Hollingdale (New York: Vintage Books, 1967), p. 45.
258. Carroll, *Alice's Adventures*, p. 91.
259. Ibid., p. 42.

Espíritos livres perseguem a "verdade" adaptando suas ilusões, ao mesmo tempo, mantendo a consciência de que são ilusões.[260]

Alice faz exatamente isso quando adapta seu tamanho para visitar a casa da Duquesa. Ela fica imediatamente alarmada com o que encontra lá. O ar está cheio de pimenta, a Cozinheira está jogando pratos na Duquesa, e o bebê está berrando. Mas no meio de todo esse caos, ela consegue tirar o bebê da casa, quando ele começa a parecer um porco. "Se ele tivesse crescido", ela diz para si mesma, "teria se tornado uma criança terrivelmente feia: mas até que como porco ele é bonitinho, eu acho."[261] Encontrar a perspectiva certa das coisas as torna mais toleráveis e mais agradáveis esteticamente. De uma perspectiva, uma criança bem feia está para surgir, de outra perspectiva, um porco bonitinho.

Alice especula sobre outras crianças que seriam melhores se fossem porcos, "se alguém ao menos soubesse como transformá-los".[262] Quanto mais conseguimos controlar nossas perspectivas, mais o mundo faz sentido para nós. Quando Alice vê o Gato de Cheshire em uma árvore, ela lhe pede um conselho: "Você poderia me dizer, por favor, que caminho eu deveria seguir daqui?" "Isso depende muito de onde você quer chegar", diz o Gato.[263] A resposta do Gato de Cheshire reconhece que nós somos os artistas criativos de nossas vidas quando escolhemos nossas próprias perspectivas. Como diz a Duquesa para Alice: "Seja o que pareceria ser".[264]

O Gato de Cheshire tem uma maneira curiosa de aparecer e desaparecer da existência. Quando o suficiente de sua boca aparece, ele fala. Alice espera que seus olhos apareçam antes de balançar a cabeça, e espera que suas orelhas apareçam, ou ao menos uma delas, antes de falar com ele. O Gato de Cheshire tipifica a natureza transitória e efêmera da verdade como Nietzsche a vê. Para usar a formulação de Nietzsche, não há um "gato" existente separado das experiências do gato por parte de Alice. Assumir que o "gato" existe como uma substância independente de nossas perspectivas é outro dos erros ou preconceitos dos filósofos. Conforme a perspectiva some, o Gato de Cheshire some, ilustrando a natureza transitória da "verdade".

---

260. "Reconhecer a não verdade como uma condição da vida", Nietzsche escreveu, "certamente significa resistir aos sentimentos de valor habituais de um modo perigoso; e uma filosofia que se arrisca a isso, por meio dessa prova somente, se colocaria além do bem e do mal" (*Beyond Good and Evil*, p. 12).
261. Carroll, *Alice's Adventures*, p. 55-56.
262. Ibid., p. 56.
263. Ibid.
264. Ibid., p. 80.

"Nenhum peixe sábio iria a qualquer lugar sem um delfim"

Quando Alice se torna mais hábil em mudar seu tamanho petiscando o cogumelo, ela encontra um caminho para um lindo jardim, e caminha entre os resplandecentes canteiros de flores. Lá ela imediatamente encontra mais caos e confusão, a começar pelos jardineiros que estão pintando as rosas brancas de vermelho. Ela fica sabendo que os jardineiros estão falsificando a cor das rosas a fim de agradar a Rainha. Nietzsche sugere que nós também "falsificamos" nossa visão cognitiva do mundo para se encaixar em nossos propósitos, criando assim a ilusão de completude artística. Como pintores nunca podem pintar "tudo" e manter a completude representativa, nós também, em nossa compreensão, ordenamos, selecionamos e simplificamos nosso conhecimento do mundo.

O jardim se torna o palco para um tipo de tragédia na qual Alice é a vítima dos caprichos de outros personagens, especialmente da Rainha, que aparece ameaçando decapitar os jardineiros. A Rainha convida Alice para jogar toque-emboque. Alice aceita, mas rapidamente se frustra com a falta de ordem no jogo. Ela reclama para o Gato de Cheshire: "Eles não parecem ter qualquer regra específica, ou se têm, pelo menos não parecem segui-la – e você não tem ideia de quão confuso é porque todo mundo é vivo".[265] Os flamingos não permanecerão como bastões de toque-emboque, e os ouriços não continuarão a rolar, mas vão continuamente fugir.

Alice é arremessada em um mundo sem regras, que a induz (e a nós) a tentar encontrar sentido no *nonsense*. A corrida do comitê é caótica: "A melhor maneira de explicá-la é fazendo",[266] diz o dodô. A forma exata da corrida não importa. Os participantes começam a correr quando querem e param quando querem, e todo mundo ganha um prêmio. Claro que é sempre hora do chá para o Chapeleiro, para a Lebre de Março e para o Arganaz. E o julgamento procede de uma maneira confusa, sem um veredicto claro.

Para Nietzsche, não há ordem na natureza, e o impulso de impor qualquer ordem racional deve ser visto com suspeita. A necessidade de ordem é uma exigência humana, algo que nós impomos sobre o fluxo caótico é meramente um arranjo de desejos arbitrários de poder. Essa ideia é ilustrada pela charada do Chapeleiro: "Por que um corvo é semelhante a uma escrivaninha?". Um corvo, um representante da

---

265. Ibid., p. 75.
266. Ibid., p. 26.

natureza, predatório e instintivo, não opera por regras ou regulações, mas uma escrivaninha representa a civilização e uma ordem imposta. A charada pode não ter uma resposta satisfatória, como Alice diz para o Chapeleiro: "Acho que você deveria fazer algo melhor com seu tempo, em vez de desperdiçá-lo com charadas que não têm resposta".[267] Charadas sem respostas claras nos lembram que nosso conhecimento é incompleto, mas também nos forçam a pensar sobre coisas familiares de maneira nova e diferente.

Alice anseia por algum sinal familiar de uma ordem inteligível no meio do caos. Ela tenta inventar algumas regras que farão o mundo *nonsense* no qual ela se encontra fazer algum sentido. Quando ela vê a Duquesa de bom humor, ela pensa: "Talvez seja a pimenta que a deixe de cabeça quente".[268] Ela está bastante satisfeita por ter encontrado um novo tipo de regra. É tranquilizador descobrir uma regra que funcione e que nos ajude a navegar através de mares caóticos. Mas é tão fácil empregar mal regras e máximas em situações nas quais elas podem não ser empregáveis. A Duquesa faz isso com sua moralização compulsiva: "Como gosta de encontrar a moral das coisas!",[269] diz Alice para si mesma.

Mais caos e *nonsense* confrontam Alice durante o julgamento, que rapidamente se torna uma administração sem sentido e arbitrária da justiça. "Se não há sentido nele", diz o Rei sobre o bilhete espúrio introduzido como evidência, "isso nos poupa um imenso trabalho, você sabe, já que não precisamos procurar nenhum".[270] Nietzsche concordaria com o Rei – não há sentido para procurar. Mas o "imenso trabalho" vem quando tentamos criar sentido quando não há sentido para procurar, e tentamos resolver charadas que não podem ser resolvidas. Nós impomos forma no que não tem forma, o que nos permite tomar decisões sobre como proceder na vida. Em outras palavras, tentamos ver nossas vidas dentro de um grande propósito. Como sugere a Tartaruga Falsa: "Nenhum peixe sábio iria a qualquer lugar sem um delfim".[271]

Simples realidade: a trágica visão da vida

Alice pode ser vista como uma heroína trágica em sua tentativa de permanecer equilibrada e agir heroicamente enquanto a Rainha ameaça

---

267. Ibid., p. 62-63.
268. Ibid., p. 78.
269. Ibid., p. 79.
270. Ibid., p. 106.
271. Ibid., p. 90.

decapitar todo mundo.²⁷² Para sobreviver ela deve estabelecer algum sentido de ordem dentro de um vazio moralmente ininteligível. Ela tenta fazer isso impondo sua vontade sobre a desordem e inventando regras para ajudá-la a navegar através do caos irracional, da loucura e da anarquia que ameaça sua sanidade e sua segurança.

De acordo com Nietzsche, a natureza exige o complemento da arte para que suas próprias criaturas existam de um modo significativo.²⁷³ A arte, para Nietzsche, alcança a sua mais alta expressão na tragédia grega. Nietzsche sugere que a tragédia nos fornece o vislumbre de que a natureza definitiva do mundo é tal que não tem estrutura ordenada. A tragédia também nos lembra que somos nós que impomos ordem e propósito sobre um mundo caótico e sem forma.

De acordo com a análise de Nietzsche, a tragédia é criada sob duas poderosas influências: a apolínea e a dionisíaca.²⁷⁴ O deus grego Apolo traz a influência da ordem, da forma, da claridade, da individualidade, do controle, da racionalidade à experiência estética. A visão apolínea é como um sonho em comparação à ordinária vida acordada. Ela dá o deleite da beleza das imagens, e estende um estado de repouso calmo para o indivíduo. Alice exemplifica isso quando permanece, a maior parte, em um estado de sonho apolíneo, calmo e repousado, apesar de despencar dentro da toca do coelho – uma experiência aterrorizadora. O deus Dioniso inspira o comportamento instintivo, a emoção intensa, sensualidade, intoxicação, frenesi e loucura. O Chapeleiro e a Lebre de Março exemplificam melhor essa atitude, pois ambos são loucos. Sob a influência da intoxicação dionisíaca, o indivíduo perde a certeza de um *self* separado e submerge para o interior de um todo maior em uma celebração extática.

Embora a tragédia nos revele que o mundo carece de ordem e de regras, ela nos oferece um consolo ao nos mostrar que não somos diferentes do restante da natureza, como Alice percebe que é apenas mais uma entre

---

272. Donald Rackin fala disso em "Blessed Rage: Lewis Carroll and the Modern Quest for Order". In: *Alice in Wonderland: A Norton Critical Edition*, 2. ed., ed. Donald J. Gray (New York: W. W. Norton and Co., 1992). "Ela [Alice] então se torna para muitos leitores modernos o que era indubitavelmente para Dodgson: uma campeã inocente da malfadada busca humana pelo sentido definitivo e ordem edênica." Alice pode ser vista como uma heroína trágica, mas no final, Rackin escreve, "tem o senso prático de uma heroína cômica em vez de trágica" (Ibid., p. 402).
273. Esse é um tema comum nos escritos de Nietzsche. "A existência do mundo é justificada apenas como um fenômeno estético" (*The Birth of Tragedy*, trad. Walter Kaufmann [New York: Vintage Books, 1967], p. 22). Ou novamente, "Possuímos arte para que não pereçamos com a verdade" (*The Will to Power*, trad. Walter Kaufmann e R. J. Hollingdale [New York: Vintage Books, 1967], p. 435).
274. Nietzsche desenvolve esses temas em *The Birth of Tragedy*, p. 33-93.

tantas personagens na história. Por um lado, a tragédia nos lembra que somos, sob a influência de Apolo, indivíduos separados. Por outro lado, a influência dionisíaca nos permite submergir e nos tornarmos um com o mundo. A tragédia, assim, nos fornece algum conforto: o que Nietzsche chama de "alegria metafísica", o que possibilita à audiência sentir que ela também pertence à realidade mais profunda por trás do fenômeno.[275]

A história de Alice nos fornece um intervalo metafísico do caos, da agitação, das indiferenças da realidade. A curiosidade de Alice e sua experimentação com o perspectivismo induzem o leitor a desenvolver um interesse muito parecido com o modo pelo qual a tragédia nos convida a ter interesse pela vida e nos ajuda a torná-la tolerável para nós. Alice expressa emoções misturadas conforme medita sobre seu destino: "Eu quase desejaria não ter descido pela toca do coelho – e mesmo assim – e mesmo assim – é mais curioso, você sabe, esse tipo de vida! Eu realmente me pergunto o que poderia ter acontecido comigo! Quando eu costumava ler contos de fadas, eu achava que esse tipo de coisa nunca tinha acontecido, e agora aqui estou eu no meio de um!".[276]

Quando Alice acorda de sua aventura, ela conta à sua irmã sobre os personagens e as criaturas que encontrou no País das Maravilhas. A irmã de Alice anseia por esse tipo de experiência, e medita sobre como esses estranhos contos nos aliviam do tédio e da simplicidade de nossa existência cotidiana. Eles iluminam o ordinário com entusiasmo e nos permitem transcender o lugar-comum, pelo menos por um tempo. A irmã de Alice senta-se com seus olhos fechados, meio acreditando estar no País das Maravilhas, mas sabe que quando abri-los de novo, tudo voltará para a "simples realidade".

A tragédia fornece o conforto metafísico de que a vida, como Nietzsche sugere, "apesar de todas as mudanças de aparência, é indestrutivelmente poderosa e agradável".[277] Sob a influência de Dioniso, a tragédia nos ensina que a vida deve ser celebrada. Como Alice dispara para aproveitar o resto do verão, somos deixados com as memórias inebriantes do País das Maravilhas e a celebração da juventude. Também somos deixados nos perguntando sobre o que exatamente o Gato de Cheshire quer dizer quando fala: "Somos todos loucos aqui".[278]

---

275. Nietzsche escreveu: "Esse é o efeito mais imediato da tragédia dionisíaca, que o estado e a sociedade, e, bem geralmente, os abismos entre o homem e o homem dão lugar a um sentimento de unidade que conduz de volta para o verdadeiro coração da natureza" (Ibid., p. 59).
276. Carroll, *Alice's Adventures*, p. 32-33.
277. Nietzsche, *The Birth of Tragedy*, p. 59.
278. Carroll, *Alice's Adventures*, p. 57.

Desejar que fosse outra hora: a passagem temporal em Alice

Mark W. Westmoreland

O filósofo Santo Agostinho (354-430) certa vez meditou: "O que é o tempo? Se ninguém me pergunta, eu sei; se eu quero explicá-lo a alguém, eu não sei".[279] É provável que Alice se sinta da mesma forma. O mestre do *nonsense*, Lewis Carroll, brilhantemente, coloca o tempo em questão ao desafiar a maneira como Alice, e cada um de nós, entende a natureza do tempo. É o tempo uma substância? É algo externo a nós, sujeito, talvez, aos movimentos planetários? Ou seria o tempo, ao contrário, algo que impomos sobre o mundo para dar sentido às nossas experiências? Talvez o Chapeleiro, que fala do tempo como um amigo pessoal, não seja tão louco quando realça a dimensão qualitativa, empírica do tempo.

Agostinho: sempre mudando, sempre agora

No Livro XI de suas *Confissões*, Agostinho levanta a questão do tempo em relação à criação, concluindo que não havia tempo antes da criação do mundo. Por conseguinte, seria bobo perguntar o que Deus estava fazendo *antes* da criação. Para Deus não havia antes porque o tempo "antes" se aplica à temporalidade. Deus existe em uma "eternidade

---

279. Augustine, *Confessions*, trad. F. J. Sneed (Indianapolis: Hackett Publishing Company Inc., 1993), XI, xiv, p. 219.

sempre presente".[280] De acordo com Agostinho, Deus criou o tempo no momento exato em que criou o mundo físico. Simplesmente não havia tempo antes de o mundo ser criado.

Agostinho então levanta uma questão mais difícil sobre o que o tempo realmente é: "Se nada se passou, não haveria passado; se nada se aproximasse, não haveria futuro; se nada existisse, não haveria presente".[281] Como, então, podemos conceber o passado e o futuro como reais se nenhum deles existe no presente? O passado não é mais agora e o futuro ainda não chegou a ser. Alice intuitivamente descobre isso sobre si mesma. Enquanto fala com a Lagarta, ela diz: "Eu – Eu dificilmente sei, senhor, no momento – ao menos eu sei quem eu *era* quando acordei esta manhã, mas eu tenho mudado tantas vezes desde então".[282] De fato, Alice está continuamente mudando. Mesmo o presente desvanece no passado e é colocado na direção da não existência. Por exemplo, quando uma pessoa diz "Lewis Carroll" há um agora diferente quando pronuncia "-oll" de quando pronuncia "Lew-". Enquanto Alice está confusa sobre como ela está mudando, a Lagarta, que já sabe que a vida – sua própria vida de uma lagarta para uma borboleta – está totalmente sujeita à mudança, diz a Alice que ela se "acostumará com o tempo".[283] Mais cedo ou mais tarde, Alice, como todo mundo, descobrirá que sua vida é cheia de transformações. Com toda essa mudança, Alice pode apenas viver o presente imediato. Então como podemos falar de passado e de futuro se o presente é tudo o que existe?

Agostinho reconcilia a existência do passado, presente e futuro ao colocar todos os três tempos dentro do presente. Cada tempo existe apenas no presente como "um presente de coisas passadas, um presente de coisas presentes, [e] um presente de coisas futuras".[284] Por um lado, tentamos medir a *extensão* do tempo. Por outro, não podemos medir o que não mais existe (o passado) ou o que ainda não é (o futuro). Agostinho resolve isso em dois estágios. Primeiro, tempo não é o movimento dos objetos por uma extensão de espaço. Portanto, o tempo não pode ser medido empiricamente, pelos sentidos e pela experimentação. Segundo, o tempo é uma construção mental

---

280. Augustine, *Confessions*, XI, xiii, p. 218.
281. Ibid., XI, xiv, p. 219.
282. Lewis Carroll, *Alice's Adventures in Wonderland and Through the Looking-Glass* (New York: Barnes and Noble Classics, 2004), p. 55. Referências subsequentes às histórias de *Alice* serão desse texto.
283. Carroll, *Alice's Adventures*, p. 61.
284. Augustine, *Confessions*, XI, xx, p. 223.

experimentada no presente. Assim, a medida do tempo é a medida das impressões das coisas passando pela mente no presente. Quando Alice encontra a Tartaruga Falsa e o Grifo, ela está mais consciente de que sua existência é marcada pela mudança: "Eu poderia lhe contar minhas aventuras – começando por essa manhã, mas é inútil voltar até ontem, porque eu era uma pessoa diferente então".[285] Ela sabe que o passado não existe mais em si; em vez disso, o passado existe apenas enquanto suas memórias no presente. Embora Alice não possa mais experimentar os eventos passados, ela pode evocá-los em sua mente no agora. Seguindo esse exemplo, podemos pensar o passado como a experiência da memória no presente, e o futuro como a expectativa presente de um tempo que virá.

Kant: está tudo na sua cabeça

Como Agostinho, o filósofo Immanuel Kant (1724-1804) coloca a temporalidade dentro da consciência humana. Na *Crítica da Razão Pura*, Kant afirma que o tempo é a condição necessária para a possibilidade da experiência. Em outras palavras, tempo é uma intuição da mente que Alice deve ter para que tenha qualquer tipo de aventura. Para Kant, o tempo é um pressuposto para uma experiência, a fim de permitir que uma pessoa estabeleça relações do tipo "ao mesmo tempo" ou "sucedendo no tempo". *As Aventuras de Alice no País das Maravilhas* começa com Alice vendo o Coelho Branco ansioso sobre estar atrasado: "Ai, ai, ai! Vou chegar atrasado demais!".[286] O Coelho Branco ainda não experimentou o evento futuro. O que ele experimenta agora é a expectativa de um devir. Ele entende que o presente é anterior ao evento futuro; assim, ele está presentemente ansioso.

Kant chega a três conclusões: (1) O tempo não é algo que existe por si só. (2) O tempo é na verdade uma sensação psicológica por meio da qual nós envolvemos o mundo. (3) Como essa sensação ou intuição, o tempo é anterior a qualquer envolvimento que alguém possa ter com o mundo.[287] As conclusões de Kant revelam uma interpretação da temporalidade que descreve o tempo como uma condição subjetiva e formal para a experiência humana. O tempo está em nossa cabeça. Nossa percepção de dois eventos subsequentes testemunha isso. Antes do evento A e do subsequente evento B acontecerem, já temos a intuição

---

285. Carroll, *Alice's Adventures*, p. 119.
286. Ibid., p. 13.
287. Immanuel Kant, *Critique of Pure Reason*, trad. J. M. D. Meiklejohn (Amherst, NY: Prometheus Books, 1990), p. 30.

do tempo. Portanto, uma vez que o evento A ocorre e depois o evento B, entendemos que B seguiu A e não o contrário. Sem essa intuição, podemos pensar que o ano 2001 veio antes de 1999, ou que essa manhã veio antes de ontem à noite. Felizmente, sabemos mais do que isso. Exatamente como Alice grita diante das Rainhas Vermelha e Branca em *Através do Espelho*, podemos ter certeza que "há apenas um dia por vez".[288]

Bergson I: correr para ficar parado

O tempo é geralmente considerado como um movimento dos objetos de um ponto para outro. O filósofo Henri Bergson (1859-1941) desafiou essa concepção de tempo de um modo que faz sentido para Lewis Carroll. Zenão de Eleia (século V a.C.) conta a história de uma corrida entre Aquiles e uma tartaruga, na qual a tartaruga começa com uma vantagem. De acordo com Zenão, isso cria um paradoxo. Aquiles nunca alcançará a tartaruga e na verdade perderá a corrida. Pois cada um corre com um passo após o outro, e a tartaruga, que tem uma vantagem, deverá estar sempre um passo a frente. Lewis Carroll retoma essa história em "O que a tartaruga disse para Aquiles", narrando uma conversa entre os dois no final da corrida:

> Aquiles ultrapassa a Tartaruga, e senta-se confortavelmente nas costas dela.
> "Então você chegou ao fim da nossa corrida?", disse a Tartaruga. "Mesmo que ela consista em uma série infinita de distâncias? Eu achei que algum pedante [Zenão] ou outro tivesse provado que isso não poderia ser feito."
> "Isso *pode* ser feito", disse Aquiles. "Isso *foi* feito! *Solvitur ambulando*. Percebe que as distâncias estavam sempre *diminuindo* e assim."
> "Mas e se elas estivessem constantemente *aumentando*?", interrompeu a Tartaruga. "E então?"
> "Então eu não deveria estar *aqui*", Aquiles respondeu modestamente; "e você teria dado várias voltas em torno do mundo a essa hora!"[289]

Enquanto Zenão pode ter sido confuso em relação à natureza do espaço, nós todos somos confusos sobre a natureza do tempo, parcialmente

---
288. Carroll, *Through the Looking-Glass*, p. 257.
289. Carroll, "What the Tortoise Said to Achilles". In: *Alice's Adventures in Wonderland and Through the Looking-Glass*, p. 270.

porque tendemos a pensar o tempo em termos de espaço. Quando medimos o tempo, pensamos em termos de espaço. Mas para Bergson o tempo não pode ser reduzido ao espaço; "assim que tentamos medi-lo, nós involuntariamente o substituímos pelo espaço".[290] Pensar espacialmente não é pensar corretamente sobre o tempo. Bergson explica que o tempo é a "duração", e a duração é real indiferentemente se o espaço foi atravessado ou não. No segundo capítulo de *Através do Espelho*, "O Jardim das Flores Vivas", Alice e a Rainha Vermelha ilustram isso muito bem:

> "Agora! Agora!", gritou a Rainha. "Mais rápido! Mais rápido!" E eles foram tão rápidos que pareciam flutuar, quase nem tocando o chão com seus pés...
> A Rainha a encostou em uma árvore e disse gentilmente, "Você deve descansar um pouco agora".
> Alice olhou em volta com grande surpresa. "Ué, eu acho que nós estivemos sob essa árvore o tempo todo! Tudo está como estava antes!"
> "Claro que está", disse a Rainha.[291]

Alice esperava estar em um lugar diferente porque o ato de correr acontece em uma duração. Por meio da explicação da Rainha, entretanto, Alice vem a reconhecer que elas experimentaram a duração e a mudança; embora elas não tenham realmente se movido pelo espaço. Tudo muda independentemente da espacialidade.

Porque cada momento presente é único e diferente de todos os outros, o apreensor humano não tem acesso ao presente como tal. Em vez disso, uma pessoa tem acesso à qualidade daquilo que é vivido. A qualidade do tempo varia dependendo do estado mental de uma pessoa. Humores condicionam a experiência cotidiana. Por exemplo, um sujeito que está feliz por estar com sua namorada vai achar que o "tempo voa" quando estão juntos. Um estudante entediado vai sentir como se a aula "durasse horas". Sem dúvida, as pessoas estão conscientes de que algumas experiências parecem mais longas ou mais curtas do que outras; ainda assim, quando interrogadas, elas apelarão para o tempo matemático dos instantes descontínuos e homogêneos. Elas se voltarão para a ideia de que cada momento é quantitativamente igual em termos de segundos, minutos, horas e por aí vai. Isso, por sua vez, falha em

---
290. Henri Bergson, *Time and Free Will*, trad. F. L. Pogson (Mineola, NY: Dover Publications, Inc., 2001), p. 106.
291. Carroll, *Through the Looking-Glass*, p. 175.

considerar a natureza qualitativa da experiência que leva uma pessoa a descrever sua experiência usando expressões como "o tempo voa". Os momentos não são todos percebidos igualmente. Às vezes uma hora passa bem rápido, e em outras uma hora dura para sempre.

Bergson geralmente contrasta sua noção de duração com os paradoxos de Zenão, nos quais o tempo é reduzido ao movimento de um ente de uma posição para outra.[292] O movimento contém os seguintes elementos: (1) o espaço homogêneo e divisível que é atravessado, e (2) o ato real indivisível e consciente de atravessar. O erro de Zenão, de acordo com Bergson, "emerge de [sua] identificação dessa série de atos, cada um dos quais sendo de um tipo definido e indivisível, com o espaço homogêneo que os subjaz".[293] Bergson nota que dividimos o espaço em unidades como metros, centímetros, milímetros e por aí vai; ou, como no mundo através do espelho, o mundo é "marcado exatamente como um grande tabuleiro de xadrez!".[294] Como o tempo é infinitamente divisível como extensão, seria um erro igualar duas posições simultâneas no espaço com o movimento dos objetos através do espaço. Embora cada casa em um tabuleiro de xadrez tenha tamanho igual, as experiências de Alice na Quarta Casa – aquela de Tweedledum e Tweedledee – e na Sexta Casa – aquela do Humpty Dumpty – são únicas e qualitativamente diferentes. E, claro, mesmo que um objeto parece permanecer em um lugar, ele está incessantemente mudando. Você mudou desde que começou a ler este capítulo; você está mais velho. Imagine o seguinte: uma pessoa olha para uma folha de papel durante três minutos. O papel mudou? A pessoa responde negativamente. Entretanto, essa pessoa aceita a ideia de que o papel se deteriorará através dos séculos. E isso aconteceria mesmo o papel permanecesse na mesma posição por muitos séculos. Podemos concluir que a resposta negativa dada inicialmente foi baseada em uma confusão entre a duração e a mudança com espaço. Estamos simplesmente acostumados com a mudança ocorrendo durante um período de tempo.

A mudança é indivisível apesar do modo comum de se entender a temporalidade como tempo matemático do relógio. Reconhecendo alguma verdade nisso, Alice fica "terrivelmente confusa".

> Alice estava olhando por sobre os ombros com alguma curiosidade. "Que relógio curioso!", ela comentou. "Ele mostra o dia do mês, e não mostra que horas são!"

---

292. Veja Bergson, "The Perception of Change". In: *The Creative Mind*, trad. Mabelle L. Andison (New York: Citadel Press, 2002).
293. Bergson, *Time and Free Will*, p. 108.
294. Carroll, *Through the Looking-Glass*, p. 173.

"Por que deveria?", resmungou o Chapeleiro. "O *seu* relógio mostra a você que ano é?"

"Claro que não", respondeu Alice prontamente, "mas isso porque fica-se no mesmo ano por um tempão".

"O que é exatamente o caso com o *meu*", disse o Chapeleiro.[295]

O ponto é que nós impomos o segundo, o minuto e a hora sobre o tempo. Essas coisas não são o tempo em si. Nosso método de quantificar o tempo é um tanto arbitrário. Seria um ano vivenciado de modo diferente dependendo de como Alice o mede quantitativamente? Talvez não. Bergson escreveu: "Quando sigo com os meus olhos no mostrador de um relógio o movimento que corresponde às oscilações de um pêndulo, eu não meço a duração, como parece; eu simplesmente conto as simultaneidades, o que é muito diferente".[296] A duração pura não pode ser medida, entretanto. Uma vez que Alice está no mundo do espelho, ela vê que as costas do relógio "têm o rosto de um pequeno homem velho", que está sorrindo para ela.[297] Por que ele sorri? Porque ele sabe que o modo comum pelo qual o tempo é entendido no mundo de Alice não é aplicável no mundo do espelho. Nem é o modo comum uma descrição muito precisa do tempo; ele não pode ser reduzido à quantificação matemática e dividido em unidades equivalentes como os minutos. Não podemos dividir uma hora em sessenta minutos quantitativos e permanecer fiéis às várias experiências qualitativas dentro de uma hora, pois nem todo minuto é vivenciado da mesma maneira.

O tempo quantitativo é dividido em unidades especializadas. Quando tentamos medir o tempo, nós o dividimos em pontos descontínuos ou segundos. Então, devemos perguntar, o que está entre dois segundos? Unidades menores de tempo. E assim sucessivamente para sempre. Pensar no tempo como segundos é pensar em uma longa linha de pontos imóveis, mas você nunca conseguirá apreender o que impulsiona o tempo de um ponto para outro olhando para o relógio. Não consegue saber que um instante é diferente do outro porque isso requer que você perceba dois instantes ao mesmo tempo, o que não é possível.

Retratar a realidade como imóvel era a causa dos paradoxos de Zenão. Ele confundia o movimento indivisível com o espaço percorrido. Bergson afirma que se nós perguntássemos, Aquiles faria uma afirmação notável:

---

295. Carroll, *Alice's Adventures*, p. 81.
296. Bergson, *Time and Free Will*, p. 108.
297. Carroll, *Through the Looking-Glass*, p. 159.

Zenão insiste que eu [Aquiles] vá de um ponto onde eu me encontro para o ponto que a tartaruga deixou, e daquele ponto para o próximo que ela deixou, etc., etc., esse é seu procedimento para me fazer correr. Mas eu faço diferente. Eu dou um primeiro passo, então um segundo passo, e daí por diante: finalmente, depois de certo número de passos, eu dou um último com o qual eu ultrapasso a tartaruga. Eu, portanto, realizo uma série de atos indivisíveis.[298]

A corrida entre Aquiles e a tartaruga não pode ser dividida como o espaço através do qual a corrida aconteceu. Não há imobilidade na realidade tendo em vista que a existência real implica mudança. De modo semelhante, "Se movimento não é tudo, ele não é nada".[299] Em outras palavras, tudo está sofrendo incessantes mudanças.

Bergson II: hora do chá

Antes da invenção dos relógios, a maior parte das pessoas compreendia o tempo em relação às suas atividades diárias como, por exemplo, agricultura. Conforme as estações mudam, a quantidade de luz do sol varia e, consequentemente, a duração do dia muda: "Vinte e quatro horas, eu *acho*; ou seriam doze?"[300] Uma pessoa pode trabalhar no campo por quinze horas ao dia durante o verão, mas apenas dez durante o inverno. Quando começamos a usar relógios, temporalidade, como a entendíamos, mudou de heterogênea e qualitativa para homogênea e quantitativa. De acordo com Bergson, toda a existência implica mudança e duração, que são reais independentemente da percepção humana. Mesmo que nenhum objeto esteja ativamente percorrendo um espaço, ele está incessantemente mudando.

"Bem, eu mal tinha terminado o primeiro verso", disse o Chapeleiro, "quando a Rainha deu um grito 'Ele está matando o tempo! Cortem-lhe a cabeça!'"

"Que terrivelmente selvagem!", exclamou Alice.

"E desde então", o Chapeleiro continuou em um tom de lamento, "ele não faz nada que eu peça! São sempre seis horas".

---

298. Bergson, "The Perception of Change", p. 145.
299. Ibid.
300. Carroll, *Alice's Adventures*, p. 71.

Uma ideia brilhante veio à mente de Alice. "É por isso que tantas coisas de chá estão colocadas aqui?", ela perguntou.

"Sim, é por isso", disse o Chapeleiro com um suspiro, "é sempre hora do chá, e não temos tempo para lavar as coisas entrementes".

"Então vocês ficam dando voltas, suponho?", disse Alice.

"Exatamente", disse o Chapeleiro, "conforme as coisas vão sendo usadas".[301]

Será que o tempo realmente parou para a Lebre e para o Chapeleiro, já que é sempre seis horas? Claro que não. Eles retornaram para um mundo em que o tempo é compreendido de acordo com as atividades, como a hora do chá.

Pensar no tempo em termos de um relógio supõe o presente em termos matemáticos como um instante análogo a um ponto em uma linha. Mas Bergson diz que isso é uma abstração com nenhuma existência real. "Você nunca conseguiria criar tempo a partir de tais instantes mais do que você poderia fazer uma linha a partir de pontos matemáticos."[302] Entre dois pontos, digamos A e B, há um número infinito de outros pontos. O tempo do relógio não consegue dar conta da relação entre os pontos e do catalisador por meio do qual o imóvel se torna móvel. Novamente, isso é em razão da confusão de tempo com espaço.

O que podemos dizer sobre o presente? O conceito de Bergson de presente é uma modificação significativa do presente agostiniano. O presente é geralmente considerado como existente, enquanto o passado não existe mais e o futuro ainda não chegou a existir. Para Agostinho, o passado e o futuro sobrevivem no presente. Bergson afirma que o passado se preserva automaticamente ao afetar o presente. Sem sua queda pela toca do coelho, Alice nunca teria conhecido o Chapeleiro. Uma vez que ela o encontra, sua queda não desaparece; em vez disso, ela é incorporada ao presente. O presente, para Bergson, varia conforme uma pessoa presta atenção à sua experiência. Estamos sendo continuamente reelaborados por nosso passado. "Nosso presente", para Bergson, "recai sobre o passado quando paramos de atribuir a ele um interesse imediato."[303] De certo modo, o presente é apenas aparente para nós quando nos focamos nele. Não é um instante único; em vez disso, é nossa experiência percebida. "Meu presente", escreveu Bergson, "é a sentença que eu estou pronunciando. Mas isso é assim porque eu quero

---
301. Ibid., p. 83.
302. Bergson, "The Perception of Change", p. 151.
303. Ibid., p. 152.

limitar o campo de minha atenção sobre minha sentença. Essa atenção é algo que pode ser prolongado ou encurtado."[304] Pense sobre uma melodia tocada em um piano. Imagine que você ouve o trecho todo. Essa é sua experiência. Se você fosse dividi-la em seções, seria uma experiência bem diferente – como múltiplas melodias.

Lembre-se da despedida do Gato de Cheshire de Alice:

> "Você me verá lá", disse o Gato, e sumiu.
>
> Alice não ficou muito surpresa com isso, ela estava ficando bastante acostumada com coisas estranhas acontecendo. Enquanto ela ainda estava olhando para o lugar onde ele esteve, ele de repente apareceu novamente.
>
> "A propósito, o que aconteceu com o bebê?", disse o Gato. "Eu quase me esqueci de perguntar."
>
> "Se transformou em um porco." Disse Alice tranquilamente, como se o gato tivesse voltado de forma natural.
>
> "Eu achei isso mesmo", disse o Gato, e sumiu de novo...
>
> "Eu disse 'porco'", replicou Alice, "e eu gostaria que você não ficasse aparecendo e desaparecendo tão de repente; isso me deixa bem tonta!"[305]

Em que ponto no tempo podemos dizer que o Gato não estava mais presente? Vemos que o Gato some devagar, como se adentrasse o passado. Mais cedo ou mais tarde, o Gato não estaria mais diante de Alice. (Gatos não vivem para sempre, e nem Alice.) Só aconteceu mais rápido do que o esperado nesse caso.

O que pode ser dito da natureza do futuro é muito mais difícil. Parece que podemos descrevê-lo como aberto e livre. Como Alice, você nunca sabe o que vai acontecer. O que podemos saber com certeza é que nunca seremos os mesmos.

Deleuze: geleia hoje

Para concluir, vamos nos voltar para a concepção de temporalidade de Gilles Deleuze em *A Lógica dos Sentidos*. Deleuze (1925-1995), que foi significativamente influenciado por Bergson, afirma que há duas leituras do tempo: *chronos* e *aion*. De acordo com *chronos*, "passado, presente e futuro não são três dimensões de tempo; apenas o presente preenche o tempo, enquanto passado e futuro são duas

---
304. Ibid., p. 151.
305. Carroll, *Alice's Adventures*, p. 71.

dimensões relativas ao presente no tempo".[306] O presente absorve em si essas duas dimensões. Passado e futuro são excessos dentro do presente vivido. Pensando em termos de tempo do relógio, esses excessos são regulados pelo presente e são, portanto, sujeitos à medição. Essa medição é apenas possível pensando que as coisas são estáticas e imutáveis. Se considerarmos que as coisas são estáticas e mensuráveis de acordo com unidades equivalentes, então chegaremos ao tempo do relógio.

De acordo com o *aion*, não há presente como tal. É o tempo do evento, da experiência. Apenas o passado e o futuro existem.

"É uma geleia muito boa", disse a Rainha.
"Bem, eu não quero geleia hoje, de qualquer modo."
"Você não receberia mesmo que quisesse", a Rainha disse.
"A regra é geleia amanhã e geleia ontem – mas nunca geleia *hoje*."
"Em algum momento, deve-se chegar a 'geleia hoje'", objetou Alice.
"Não, não deve", disse a Rainha. "É geleia em dias alternados: hoje não é um dia alternado, você sabe."[307]

De acordo com a Rainha, nunca teremos nossa geleia. Para Deleuze, o hoje nunca chega. É sempre o ontem e o amanhã juntos. Aquilo que chamamos "presente" é a ruptura dinâmica da temporalidade. Em vez de absorver o passado e o futuro em si, o presente é dividido em um passado e um futuro que se expandem infinitamente em ambas as direções de uma vez. Seria ainda mais correto dizer que o presente não existe. Uma ruptura incessante ocorre no encontro do passado e do futuro, no qual esses dois estão continuamente se chocando um contra o outro de acordo com várias intensidades que permitem a natureza qualitativa da duração. "*Aion*", de acordo com Deleuze, "é o passado-futuro que em uma subdivisão infinita do momento abstrato se decompõe infinitamente em ambas as direções de uma só vez e sempre está lado a lado com o presente".[308] Consequentemente, não temos acesso a um presente como tal, pois o momento abstrato do presente é um "ir e vir". Ele sempre já deixou de existir e sempre está vindo a ser, mas nunca agora.

---

306. Gilles Deleuze, *The Logic of Sense*, trad. Mark Lester (New York: Columbia University Press, 1990), p. 162.
307. Carroll, *Through the Looking-Glass*, p. 205.
308. Deleuze, *The Logic of Sense*, p. 77.

Nossa existência, como a de Alice, está marcada pela mudança incessante, por uma radical alteração sempre crescendo do *self*. Depois que suas aventuras acabarem, Alice nunca será a mesma. Mas nossas aventuras realmente acabam um dia? Eu com certeza espero que não. "Eu prefiro terminar meu chá" a parar de viver no venturoso país das maravilhas que chamamos vida.[309]

---

309. Carroll, *Alice's Adventures*, p. 131.

Parte IV

"QUEM SOU EU NO MUNDO?"

Nonsense sério

Charles Taliaferro e Elizabeth Olson

A obra de Lewis Carroll tem sido interpretada das maneiras mais impressionantes: como uma filosofia codificada e esotérica do amor místico (de acordo com Sherry Ackerman em seu fascinante livro *Behind the Looking Glass*[310]), uma meditação sobre e uma redescoberta da juventude (como sugerido por W. H. Auden[311]), uma obra sobre o domínio do tédio e do desejo (Tan Lin[312]), e por aí vai. De qualquer modo, a publicação de Carroll é certamente apreciada como um tesouro de quebra-cabeças filosóficos. Talvez por causa dessa estima, G. K. Chesterton acertou em cheio quando escreveu que "as palavras de Carroll deveriam ser lidas por sábios e filósofos grisalhos... a fim de estudarem os problemas mais obscuros da metafísica, os limites entre a razão e o absurdo, e a natureza das forças espirituais mais erráticas, o humor, que eternamente dança entre os dois".[313]

Seguindo a sugestão de Chesterton, este capítulo investiga o uso que Carroll faz do *nonsense* bem-humorado no limite entre a razão e o absurdo. Em particular, examinaremos até onde se pode levar o *nonsense* antes que ele deixe de ser bem-humorado ou perspicaz. O ridículo, o satírico, o absurdo e o *nonsense* têm um papel comum na cultura popular em programas de *stand-up comedy* como *The Daily Show*, *Black Adder*, o clássico *Monty Python's Flying Circus* e em filmes como *O Sentido da Vida*, e por aí vai. Mas quão longe é possível ir em termos de

---

310. Cambridge, UK: Cambridge Scholars Publishing, 2008.
311. "Lewis Carroll". In: *Forewords ad Afterwards* (New York: Random House, 1973).
312. Tan Lin, "Introduction". In: Lewis Carroll, *Alice's Adventures in Wonderland and Through the Looking-Glass* (New York: Barnes and Noble, 2004).
313. G. K. Chesterton, "The Library of the Nursery". In: *Lunacy and Letters* (New York: Sheed & Ward, 1958), p. 26.

absurdo e *nonsense*? Você pode fazer *nonsense* dos candidatos à presidência no *Saturday Night Live*, e pode tirar sarro de si mesmo quando tira sarro de outra pessoa (*SNL* pode fazer uma sátira de si mesmo). Mas há um sentido no qual nem tudo pode ser *nonsense* ou absurdo, e isso é trazido à luz pela obra de Lewis Carroll e também por uma tradição filosófica que está de acordo com sua obra. A palavra "absurdo" vem do latim *absurdus*, que significa fora de *sintonia*. Você só pode estar fora de sintonia se houver uma sintonia ou alguma ideia de uma sintonia da qual você está fora.

Vamos começar com algum *background* filosófico: o uso do *nonsense* na filosofia da Grécia antiga, para nos ajudar a preparar o terreno a fim de refletir sobre a contribuição de Carroll.

Nonsense na filosofia grega antiga

Alguns dos primeiros diálogos de Platão (427-347 a.C.) apresentam Sócrates (469-399 a.C.) confrontando seus colegas atenienses que acreditam possuir conhecimento. Êutifron, por exemplo, afirma conhecer o que é a sacralidade ou piedade, e que ele está agindo de acordo com tal conhecimento para conduzir uma causa legal contra seu pai. Sócrates questiona Êutifron só para descobrir, por meio do processo de perguntas e respostas, argumentos e contra-argumentos, que Êutifron não sabe de verdade do que está falando. Em uma palavra, a compreensão de Êutifron do que é sacralidade ou piedade acaba sendo *nonsense*. Outros diálogos platônicos apresentam Sócrates desafiando aqueles que afirmam saber sobre a natureza da coragem, da amizade, do amor, da justiça, e assim por diante. A estratégia de Sócrates pode ser vista como um tipo rude de ridículo misturado com laivos de ironia (nos quais ele inicialmente elogia seus interlocutores para depois cometer o assassinato argumentativo), mas também pode ser vista como um meio cuidadoso e humilde pelo qual o orgulho humano é exposto como absurdo ou baseado em assunções sem sentido. (Uma evidência do cuidado de Sócrates e até mesmo do amor por seus interlocutores pode parecer hiperbólico, mas no diálogo *Êutifron*, Sócrates diz que deve seguir os argumentos de Êutifron do mesmo modo que um amante segue seu amado.)[314]

Um exemplo nos lembra Lewis Carroll: em que Platão usa *nonsense* como um mecanismo humilde e humorístico na *República*, Livro 9. A questão é levantada sobre o quão mais prazerosa é a vida de um rei do

---

314. *Êutifron* 14c3-4. *Plato's Euthyphro, Apology of Socrates and Crito*, ed. por John Burnet (Oxford: Clarendon Press, 2000).

que a de um tirano; a resposta: 729 vezes.[315] Embora Sócrates argumente matematicamente com essa resposta, chegar a tal número (acreditamos) é um *nonsense* intencional – não diferente dos quebra-cabeças jocosos de Carroll – e para censurar de forma humorada, nesse caso, aqueles que talvez decidam a vida que levam baseados em um deleite matemático.

Mais dramaticamente, um dos primeiros filósofos greco-romanos da moral, Diógenes de Sínope (404-323 a.C.), construiu sua reputação ao expor o que ele achava que era o *nonsense* da tirania. Diógenes era um dos poucos filósofos antigos que realmente acreditava que a escravidão era errada (e isso era realmente uma exceção, dado que a prática da escravidão era quase universal no mundo antigo). Em um episódio de sua vida, Diógenes é capturado e posto à venda. Quando lhe perguntaram para o que ele era bom, respondeu: "Governar homens!". Ele então "disse ao pregoeiro [anunciante] para avisá-lo caso alguém quisesse comprar um mestre para si".[316] Nesse incidente, Diógenes mostra a prática da escravidão como *nonsense*.

Note que para Platão e Diógenes nem tudo era *nonsense* ou absurdo. Para ambos os filósofos o *nonsense* é engraçado, perspicaz ou filosófico porque ele se constrói sobre uma concepção de algo bom: um protesto contra a tirania. As práticas de Platão e de Diógenes de expor pretensão e vaidade como absurdas cresceu de um profundo descontentamento com a violência de seu tempo. Sócrates e (provavelmente) Platão eram veteranos da desastrosa guerra do exército ateniense contra Esparta. Sócrates, Platão e Diógenes desconfiavam do tipo de política pública confiante que conduzia Atenas e sua liga das cidades-estado para um embate quase suicida contra Esparta e seus aliados. A liderança ateniense da guerra sob a liderança de Péricles era orgulhosa, aristocrática, e conduzida por uma busca por glória e controle. Sócrates e muitos de seus colegas filósofos viam tal busca como extremamente vil e – comparada com a autêntica busca pelo bem, pela verdade e pela beleza – absurda. Os moralistas greco-romanos não usaram suas armas filosóficas para punir qualquer ação pessoal ou imobilizar o espírito humano (embora alguns dos céticos moralistas mais radicais, como Pirro, quase tenha chegado a esse desfecho). Em uma frase, eles queriam promover o *desenvolvimento* filosófico em vez do *crescimento*. Nem todo crescimento é bom, e alguns (como o crescimento de um ego enorme) pode inibir

---

315. *Republic* 587e2. Plato: Republic, intro. Charles M Bakewell (New York: Charles Scribner's Sons, 1928), p. 328.
316. Diogenes Laertius, *Lives of Eminent Philosophers*, vol. II, trad. R. D. Hicks (London: William Heinemann, 1925), p. 31.

qualquer desenvolvimento ou amadurecimento. Para Platão, Diógenes e alguns dos outros moralistas greco-romanos (Cícero, Dion Crisóstomo, Sêneca, Plutarco e outros), a chave para o amadurecimento era reter um *eros* adequado (em grego, desejo), que pode também ser interpretado como a retenção da juventude.

Já de início, três pontos precisam ser levados em consideração ao colocar Carroll em relação ao *background* greco-romano. Primeiro, Carroll também trabalhou durante uma época sob poder imperial e conflito. Embora seus livros não tenham o conteúdo explicitamente político ou moral da antiga filosofia platônica, Carroll escreveu sua obra na mais prestigiosa e poderosa universidade do mundo anglófono no auge do Império Britânico. Carroll, como sua contraparte greco-romana, pode ser lido como se estivesse expondo os perigos e, fundamentalmente, o *nonsense* de perseguir a glória mundial por meio do poder e da manipulação. Segundo, para Sócrates, Platão, Diógenes, e seus colegas moralistas greco-romanos, *havia uma apreciação da bondade da natureza humana*. De maneiras diferentes, Platão, Diógenes, Sêneca, Cícero e outros moralistas greco-romanos procuraram expor como *nonsense* aquilo que é ou se tornaria destrutivo para a vida humana. Nesse aspecto, eles têm algo em comum com Lewis Carroll, que tinha uma profunda apreciação pela bondade, e ainda pela amabilidade e pela sanidade de sua heroína, Alice. Terceiro, Carroll estava muito interessado tanto no desenvolvimento quanto no crescimento e também na diferença entre esses conceitos.

O *nonsense* de Lewis Carroll

Lewis Carroll empurra os limites do sentido em *Alice no País das Maravilhas* e *Através do Espelho*, e ainda mantém um ponto de referência estável: Alice. De fato, ela não é perfeita. Por exemplo, ela não nota que seu modo de falar sobre um gato preocuparia um rato, e trai a consciência de classe em suas reflexões sobre se ela pode ser Mabel.

> Eu tenho certeza de que não sou Mabel, pois eu sei todo tipo de coisas e ela, ah, ela sabe bem pouquinho mesmo! [...]
> Eu devo ser Mabel mesmo, e eu vou ter de ir e morar naquela miserável casinha, e quase nem ter brinquedos para brincar... Não, eu já me decidi; se eu for a Mabel, vou ficar aqui embaixo![317]

---

317. Carroll, *Alice's Adventures*, p. 25-26.

Mas por toda a sua aventura, Alice permanece curiosa (e cada vez mais mais curiosa), sensível e sã. É ela quem expõe por contraste o *nonsense* do mundo de Carroll. Certamente tem de permanecer sã, educada e sensível – caso contrário, ela e nós não seríamos capazes de apreciar o *nonsense* e seguir Alice pelo Mundo da Toca do Coelho com tranquilidade. Ao nadar pelo lago de lágrimas, por exemplo, Alice tem essa conversa extremamente sensível nadando com um rato, que não parece entendê-la em um primeiro momento:

> "Talvez ele não entenda inglês", pensou Alice; "Ouso dizer que é um gato francês, que veio junto com William, o Conquistador". (Pois, com todo seu conhecimento de história, Alice não tinha muita noção de há quanto tempo qualquer coisa tinha acontecido.) Ela então começou de novo: *"Ou est ma chatte?"*, que era a primeira frase em seu livro de Francês. O rato deu um pulo da água, e parecia tremer todo assustado. "Oh, desculpe-me!", gritou Alice apressadamente, temendo ter ferido os sentimentos do pobre animal. "Eu meio que esqueci que você não gosta de gatos."[318]

Chesterton quase acertou quando usou uma analogia um tanto bizarra: "Um homem cego pode ser pitoresco; mas isso requer dois olhos para ver tal quadro. E de modo similar a mais louca poesia sobre insanidade pode ser apreciada apenas pelo são".[319] Embora Chesterton estivesse errado sobre a necessidade de ter dois olhos para ver a figura (um ciclope provavelmente conseguiria enxergá-lo o suficiente para causar um estrago), ele estava no caminho certo quanto à sua observação sobre insanidade.

Alice deve ser sã para nós para ser conduzida pela história, e também Carroll pode estar usando o *nonsense* para nos ensinar uma séria lição sobre o valor do próprio *nonsense* e da curiosidade, e os perigos da compaixão relacionada à tendência humana ao controle. Carroll usa o *nonsense* para suscitar curiosidade tanto em Alice quanto no leitor, e então usa essa curiosidade como um componente crítico da sanidade, agindo como um exame contra a simpatia e a empatia excessivas, ou, em suma, contra a compaixão. Simpatia sem a compaixão possibilita certa distância, e encoraja o leitor a ceder ao desejo de controlar a situação, a tornar tudo melhor. Em suma, gostamos do *nonsense*,

---
318. Ibid., p. 28-29.
319. G. K. Chesterton, *Orthodoxy* (New York: Barnes and Noble, 2007), p. 8.

dispensamos qualquer perigo real, e seguimos o "o que vem depois" em vez de nos preocuparmos com a possível morte de uma pequena garota num mundo insano.

Vamos então pensar sobre o que é insano em *Alice no País das Maravilhas* (daqui em diante, *APM*) e em *Através do Espelho* (*AE*).

Insanidade no verão e no inverno

Há um tanto de *nonsense* em ambos os livros mais famosos de Carroll. Como geralmente se comenta, *APM* é um livro de verão; ele começa no verão e tem um tom comparativamente mais animado (uma aventura infantil mesmo), enquanto *AE* é um livro de inverno, com um tom de humor e um enredo mais soturnos (um tipo de rememorações nostálgicas do que foi a infância). Mas pelos dois livros há diálogos que não chegam a lugar algum, mal-entendidos surpreendentes e ordens cruéis. Por que ele é divertido em vez de aterrorizador? Porque a sensibilidade de Alice, todas as situações, os personagens e as ordens são expostos como caricatos e absurdos. Considere a resposta de Alice à insanidade violenta da Rainha:

> Alice começou a se sentir desconfortável: para ser preciso, ela não havia ainda tido nenhuma discussão com a Rainha, mas sabia que isso poderia acontecer a qualquer minuto, "e então", pensou ela, "o que acontecerá comigo? Eles gostam muito de decapitar as pessoas aqui; a grande questão é que ainda há pessoas vivas!"[320]

Não apenas vemos as violentas ameaças como impotentes, mas a ininteligível insanidade também se torna divertida:

> "Ah, eu sei!", exclamou Alice, que não tinha respondido [ao] último comentário. "[Mostarda] é um vegetal. Não parece, mas é."
>
> "Eu concordo com você", disse a Duquesa, "e a moral disso é – 'Seja o que pareceria ser' – ou, se você quiser isso colocado de uma maneira mais simples – 'Nunca se imagine não sendo o contrário do que pode parecer aos outros, que o que você foi ou pode ter sido não era o contrário do que você teria aparecido a eles se fosse o contrário'."

---

320. Carroll, *Alice's Adventures*, p. 96.

"Acho que eu conseguiria entender melhor", Alice disse bem educadamente, "se estivesse escrito: mas eu não consigo acompanhar o que diz."[321]

Os leitores são capazes de examinar e experimentar as situações *nonsense* de *APM* sem o coração pular de ansiedade, compaixão ou desejo de alterar a ação precisamente porque Alice é sensível, racional e fundamentada. Ela não entra em pânico ou lamenta de verdade sua condição, o que encoraja o leitor a libertar-se do encargo "normal" de rejeitar o Mundo da Toca do Coelho ou de identificar-se demais com uma garotinha perdida em uma situação potencialmente terrível.

De fato, o mundo no qual Alice se encontra é um mundo perigoso, com uma quantidade considerável de morte, negligência e incerteza. Alice começa não querendo "matar ninguém com sua queda"; há pensamentos sobre matar no mundo animal (por exemplo, "Gatos comem morcegos?"); e o primeiro capítulo de *APM* se refere a "várias historinhas legais sobre crianças que se queimaram, foram devoradas por animais selvagens e outras coisas desagradáveis". Alice se preocupa que ela possa diminuir tanto que se extinga como uma vela; o lago que ela cria é de lágrimas; e depois de uma fuga por um triz ela fica "bastante feliz por ainda encontrar-se viva". Há ainda as inúmeras cobranças e ordens para executar vários personagens; quando Alice se preocupa se será queimada, ela tem de ameaçar soltar seu gato para se salvar. Alice está sob constante perigo: ela pode ser devorada por um cão, ela pode cometer assassinato ao abandonar uma criança, e assim por diante.

Todo esse mundo é suficiente para engendrar a simpatia e a ansiedade do leitor: uma garotinha indefesa em um perigoso universo à mercê de tiranos, animais, e situações cruéis. Essas não são as preocupações de uma infância normal e nossa resposta como leitores, mesmo em uma época vitoriana com concepções diferentes de infância, deve ser a de nos preocuparmos com Alice, nos simpatizarmos com ela, termos esperança e planejarmos uma maneira de controlar esse perigoso e insano mundo. Em vez disso, a abordagem bastante prática de Alice – geralmente sob a forma de curiosidade – nos impulsiona a segui-la. Alice transmite seu juízo e, por meio de uma voz narrativa, o interpreta para o leitor como mais *nonsense* do que pungente. Ela mesma diz isso em "O Lago de Lágrimas" quando lamenta: "Ai, ai, que absurdo estou falando!".

---

321. Ibid., p. 105.

A situação de Alice é engraçada, na verdade, porque é *nonsense*. Nem todo *nonsense* é engraçado, claro (como escravidão em qualquer época, incluindo a de Diógenes, ou outras situações absurdas e trágicas), mas as aventuras de Alice pelo *nonsense* e pelo absurdo permanecem firmes do lado divertido da balança. Elas não se extraviam para o trágico ou patético, em parte por causa da personalidade e da resposta de Alice, e em parte porque as consequências potencialmente trágicas nunca cruzam a linha da tragédia de verdade.

A mistura de insanidade e *nonsense* que é testemunhada por uma protagonista sã e sensível leva o leitor – como Alice – a desenvolver mais a curiosidade sobre o que está por acontecer do que uma fissura por entender tudo o que está acontecendo. Geralmente a necessidade de entender algo age como um prelúdio para controlá-lo. Nas histórias de Alice, entretanto, a curiosidade, em vez do controle, é a condição para apreciar o humor inerente aos mundos *nonsense* de Carroll.

Em *Middlemarch* – certamente um romance sem um monte de *nonsense*, mas da mesma época e atribuído a Carroll –, vemos um excelente exemplo disso em Lydgate, o jovem médico cuja paixão pela medicina e a necessidade de entender as causas da doença e da pestilência são explicitamente sobre controle e mudança de situação. Não há *nonsense* ou humor no mundo de Lydgate para aliviar nossa necessidade de controlar ou verificar as coisas por "mera" curiosidade. Claramente, o desejo de erradicar a pestilência e a doença é uma paixão admirável, mas, como ilustrado pelo caso de Lydgate, a necessidade excessiva de controlar tudo acaba se tornando uma grande pedra no caminho do sucesso final.

Os dois gumes da curiosidade

Além de possibilitar uma apreciação do *nonsense* e da sanidade, a curiosidade conduz Alice a certa indiferença que geralmente é mais aparente nas crianças do que nos adultos. Pense, por exemplo, na interação sem constrangimento dos personagens com o bebê porco ou o chute em Bill o lagarto para fora da casa; ambos exemplos são comportamentos distintamente não empáticos, comum no Mundo da Toca do Coelho. Sem desconsiderar a afirmação sobre a importância da bondade de Alice para o sucesso de *APM* e de *AE*, a empatia e a simpatia desenfreadas em relação a nossa heroína infantil também não podem passar despercebidas para que os dois livros consigam ser engraçados. Suas curiosidade e ventura extraordinárias a conduzem para o que pode ser chamado de indiferença benéfica, não obstante sua polidez, etiqueta e esforços para ajudar alguns de seus compatriotas. Às vezes (ou talvez a maior parte do tempo), Alice é sobre "o que vem depois?".

"Feno, então", o Rei murmurou baixinho.
Alice estava feliz por ver que isso o reavivou bastante.
"Não há nada como comer feno quando se está desmaiado", ele comentou com [Alice], enquanto mastigava.
"Eu deveria considerar que jogar água fria em você seria melhor", Alice sugeriu, "ou um pouco de sal volátil".
"Eu não disse que não havia nada *melhor*", o Rei replicou. "Eu disse que não havia nada *como* isso." O que Alice não se aventurou a negar.
"Com quem você cruzou na estrada?", o Rei continuou, estendendo sua mão para que o Mensageiro trouxesse um pouco mais de feno.
"Ninguém", disse o Mensageiro.
"Certo", disse o Rei, "essa jovem senhorita o viu também. Portanto, claro, Ninguém anda mais rápido que você".
"Faço o meu melhor", o Mensageiro disse em um tom rabugento. "Tenho certeza de que ninguém corre mais rápido do que eu!".[322]

De forma evidente, o foco permanece nas situações absurdas e não no apuro de uma pobre garotinha que se encontra no meio de uma batalha.

Uma sanidade curiosa e uma curiosidade sã?

Como vimos, Alice possui certa indiferença, mas também uma bondade e sanidade que tornam a imprevisível sanidade de *APM* e *AE* deleitosamente *nonsense*. Alice também mostra algumas virtudes que parecem marcar a vida adulta ou maturidade, como autocontrole, tão notavelmente ausente em tantos outros personagens. Como W. H. Auden aponta, Alice "é invariavelmente equilibrada e educada, enquanto todos os outros habitantes humanos ou animais do País das Maravilhas e de Através do Espelho são excêntricos insociáveis – à mercê de suas emoções e extremamente mal-educados, como a Rainha de Copas, a Duquesa, o Chapeleiro e Humpty Dumpty, ou grotescamente incompetentes, como a Rainha Branca e o Cavaleiro Branco".[323] Mas as demonstrações de autocontrole e sanidade de Alice não são mais, para

---
322. Carroll, *Through the Looking-Glass*, p. 228-229.
323. W. H. Auden, "Lewis Carroll", p. 289.

Carroll, uma questão de ser adulto do que serem virtudes essenciais para garantir a continuidade da história e das aventuras. Nesse ponto, há uma intersecção interessante entre Platão e Lewis Carroll.

Na *República* de Platão, o personagem Sócrates começa o diálogo com uma conversa com um venerável homem idoso. O homem teve uma vida bem-sucedida, mas agora sua paixão pela vida diminuiu. Sócrates conclui que não pode praticar filosofia com ele. Em vez disso, Sócrates começa a conversar com os mais jovens, que estão cheios de desejo (*eros*) e questões sobre justiça, o bem, as artes, o papel da mulher na sociedade ideal, e por aí vai. Da perspectiva de Platão, a filosofia é uma atividade da juventude. Ela é cheia de *eros* e energia, curiosidade e um desejo de investigação séria – não uma busca para aqueles que estão velhos, cansados e não têm mais questões. Ligando esse tema a Carroll, o lamento no fim do *AE* sugere que quando Alice crescer, ela deixará a terra das maravilhas e, consequentemente, a época do maravilhar-se. Para Carroll e para Platão, o ponto é não abandonar o espírito do maravilhamento, e assim não abandonar a dimensão da juventude (talvez até mesmo da infância) com seu *eros* e energia. Nesse sentido, Carroll, Platão e outros moralistas greco-romanos endossam o *desenvolvimento* (crescer em conhecimento, maturidade e virtudes como o autocontrole), mas não necessariamente o *crescimento per se*. Pode haver muitos crescimentos que não são saudáveis; bem o contrário, como no crescimento de um ego enorme ou o crescimento de um poder despótico.

Uma objeção

Considere brevemente uma objeção à nossa estratégia de relacionar Carroll com Platão, Diógenes ou qualquer outro moralista greco-romano. Estes últimos tinham uma visão fixa da natureza, que eles tomaram como um ponto de referência. Por exemplo, Diógenes Laércio escreveu "estar de acordo com a Natureza, ou seja, de acordo com a natureza do homem e a natureza do Universo, fazendo nada que a lei universal esteja propensa a proibir, ou seja, a razão certa que permeia todas as coisas e é coexistente a Zeus".[324] Cícero faz uma afirmação similar em *De Legibus*:[325] a natureza das coisas é estável e divinamente estabelecida. Mas no universo de Carroll, tudo é às avessas: há animais que falam, Alice pode aumentar ou diminuir

---
324. Diogenes Laertius, *Vitae Philosophorum* VII, 88, trad. H. S. Long (Oxonii: E Typographeo Clarendoniano, 1966), p. 104.
325. Cicero, *De Legibus* II, 4, 10. apud Alan Donagan, *The Theory of Morality* (Chicago: University of Chicago Press, 1977), p. 2.

de tamanho como por mágica, ela pode cair quase indefinidamente e não se machucar, e por aí vai. Isso parece bem longe da natureza de Diógenes.

Nossa resposta é que, na verdade, o insano mundo de Carroll, com sua heroína aumentando ou diminuindo ao tomar uma poção, coelhos capazes de dizer a hora, e assim por diante, destaca a exigência de Carroll pela estabilidade e pela moralidade em si. Tiranos (mesmo quando são engraçados) não são recompensados por querer caprichosamente cortar cabeças, e em nenhum momento somos solicitados a acreditar em um mundo de moral às avessas, no qual é bom ser cruel ou no qual o respeito e a afeição são tratados como vício. Carroll assim mostra maneiras nas quais nossos deveres específicos podem mudar sob diferentes e talvez mágicas circunstâncias. Se gatos pudessem falar com humanos, seria provável que nossos deveres morais de falar a verdade permanecessem em relação a eles, embora nós não precisemos nos preocupar sobre contar a verdade ou mentir para criaturas sem linguagem. Sobre a estabilidade das leis morais em si, Carroll está em pé de igualdade com Diógenes, Cícero, Platão e outros moralistas greco-romanos.

Fomos longe demais com o nonsense?

Depois de argumentar que a obra de Carroll se encaixa bem dentro de uma ampla tradição socrática que usa o *nonsense* para ajudar a dar forma para uma identidade pessoal moral, vamos finalizar ressaltando o problema de ir longe demais com o *nonsense*. Há uma extensa literatura do absurdo, ressaltando personagens e instituições absurdos ou *nonsense*, desenvolvida por Franz Kafka, Nikolai Gogol, Eugene Ionesco entre outros. Algumas dessas obras – como a *Metamorfose* e *O Castelo* de Kafka – são clássicos estabelecidos. Mas como essas obras caminham mais e mais profundamente para dentro de um conflito e violência sem sentido, especialmente no romance inacabado de Kafka, *O Julgamento*, a vida e a morte em si se tornam quase sem significado.

Portanto, aqui está nossa última alegação: o *nonsense* pode ser perigoso se você se perder de Alice ou de alguma heroína corajosa como a de Carroll, que mantém uma bondade sã, acentuada talvez com um pouquinho de indiferença benéfica, ou de autocontrole, apesar de todos os absurdos a serem encontrados na vida ou na ficção.[326] De fato, se você cair dentro de uma Toca de Coelho, esperamos que você esteja com Alice!

---

326. Agradecemos a Jacob Zillhardt pelos comentários.

"Memória e *muitice*": Alice e a filosofia da memória

Tyler Shores

"Eu acho que quase me lembro de me sentir um pouco diferente. Mas se eu não sou a mesma, a próxima questão é quem sou eu no mundo? Ah, *esse* é o grande enigma!"[327]

A necessidade de saber e a busca pelo significado são características fundamentais tanto da literatura infantil quanto dos escritos filosóficos. Portanto, não é surpresa que *As Aventuras de Alice no País das Maravilhas*, com suas inversões fantásticas e *nonsense*, nos presenteie com um conjunto ideal de reflexão filosófica.

Por exemplo, durante suas aventuras pelo País das Maravilhas, Alice encontra a Lagarta, cujo questionamento socrático começa com uma pergunta decepcionantemente simples:

"Quem é *você*?", disse a Lagarta.
Esse não era um começo encorajador para uma conversa. Alice respondeu bem timidamente: "Eu – eu não sei, senhor, no momento – ao menos eu sei quem eu *era* quando me levantei esta manhã, mas eu acho que devo ter mudado muitas vezes desde então".[328]

---

327. Lewis Carroll, *The Philosopher's Alice: Alice's Adventures in Wonderland and Through the Looking-Glass*, introdução e notas de Peter Heath (New York: St. Martin's Press, 1974), p. 24. Todas as referências subsequentes às histórias de *Alice* são desse texto.
328. Ibid., p. 47.

A conversa de Alice com a Lagarta nos mostra como às vezes mesmo as mais complicadas e importantes questões filosóficas podem estar presentes em uma conversa aparentemente corriqueira. A questão comum "Quem é você?" leva Alice a confrontar uma das questões filosóficas fundamentais: "Quem sou eu?" Como as respostas cifradas da Lagarta começam a confundi-la cada vez mais, Alice reflete sobre a pergunta da Lagarta:

> "Então você acha que mudou, não é?"
> "Eu acho que sim, senhor", disse Alice. "Eu não consigo me lembrar das coisas que eu costumava"...
> "Não consegue se lembrar de *quais* coisas?", disse a Lagarta.[329]

Alice não consegue responder à pergunta sobre quem ela é, porque ela não consegue lembrar quem *era*. A partir disso, podemos começar a entender como a memória está inextricavelmente amarrada às questões sobre o que sabemos (ou talvez achamos que sabemos). Certamente, memória é crucialmente importante para nos entendermos como indivíduos conscientes e pensantes. Mas o que *é* memória?

Memória é tão familiar quanto misteriosa. Às vezes parece que as coisas mais próximas de nós são as mais difíceis de entender – metáforas podem ser particularmente úteis nesses casos. Platão (427-347 a.C.) comparou a memória a um punhado de cera, cujas gravuras ficam impressas na nossa alma. John Locke (1632-1704) via a memória como um tipo de depósito para as nossas ideias.

Talvez uma questão mais útil seria esta: o que a memória *significa* para nós? Alice instintivamente entendeu a importância da memória para nosso senso de *self*. Ao nos ajudar a entender quem nós fomos um dia, a memória nos ajuda a entender quem nós somos agora (e mesmo quem vamos nos tornar). Nós nos fazemos por meio das nossas memórias; afinal, o que sabemos depende do que lembramos. Em um nível mais profundo, a memória satisfaz um desejo que temos de voltar para o início, de entender de onde viemos. A memória significa tanto para nós porque ela contém a promessa de permanência: "apesar das qualidades evanescentes e transitórias da vida... a memória [é] uma resistência do tempo e da moralidade".[330]

---

329. Ibid., p. 48.
330. Evelyne Ender, *Architexts of Memory: Literature, Science, and Autobiography* (Ann Arbor: University of Michigan Press, 2005), p. 179.

Para muitos filósofos, a memória representa um modo de conhecimento, um meio de conhecimento. De fato, para Platão, aprender era simplesmente outro modo de lembrar as verdades eternas que já conhecemos, mas que precisam ser reaprendidas. Em seu diálogo *Mênon*, Platão retrata Sócrates ajudando alguém a "se lembrar do que ele já sabe sem saber que sabe",[331] porque todos nascemos com um conhecimento inato do qual quase não nos lembramos até sermos lembrados. Para os gregos, a memória era um dom das Musas, um poder a ser invocado e concedido à pessoa que pretendesse executar alguma ação da memória. Como veremos, a ação de lembrar se torna um meio importante de obter um conhecimento mais completo de nós mesmos.

"Memória e *muitice*" – nossa memória, nosso *self*

Alice pondera se as mudanças que ela sofre (primeiro diminuindo para um tamanho bem reduzido e depois crescendo em proporções gigantescas) mudaram quem ela é. No processo de seu questionamento, ela tropeça em um enigma de autoidentidade e memória:

> Deixe-me pensar: eu era a mesma quando acordei esta manhã? Eu acho que quase me lembro de me sentir um pouco diferente. Mas se eu não sou a mesma, a próxima questão é quem sou eu no mundo? Ah, *esse* é o grande enigma![332]

Quem somos? Quando acordamos todas as manhãs, seguimos nossa vida cotidiana assumindo que sabemos quem somos. Em alguma medida, nossa vida consiste em nossas memórias: nós fomos por aqui e acolá, fizemos isso e aquilo, conhecemos ele ou ela. Quando formulamos dessa maneira, nossas memórias são uma parte crucial de nossa autoidentidade. Somos, essencialmente, a coisa da "memória e *muitice*",[333] para tomar emprestadas as palavras do Arganaz. Nossas memórias formam a base de quem somos, e a acumulação da nossa experiência passada por sua vez determina nossa capacidade de relacionar nosso passado ao nosso presente. O senso de *self* de Alice é chacoalhado por essa linha de raciocínio, mas uma solução logo lhe ocorre: "Vou testar se eu sei todas as coisas que eu costumava saber".[334] Isso, por sua vez, levanta outra importante questão:

---
331. Kurt Danzinger, *Marking the Mind:* A History of Memory (Cambridge, UK: Cambridge University Press, 2008), p. 93.
332. Carroll, *The Philosopher's Alice*, p. 24.
333. Ibid., p. 74.
334. Ibid., p. 24.

somos a mesma pessoa se conseguimos lembrar quem fomos ontem? Ou cinco minutos atrás? Do mesmo modo, somos uma pessoa diferente se não conseguimos lembrar o que achamos que sabíamos ontem? As respostas a essas questões têm implicações significativas para a memória e sua relação com a autoidentidade. Além disso, quem é esse "eu" quando dizemos que "eu me lembro" de algo? Parte do grande enigma que Alice descobriu não é apenas "Quem sou eu?", mas também a diferença entre o "eu" de hoje, o "eu" de ontem e o "eu" de amanhã.

Essa relação da memória com o *self* é habilmente caracterizada nesse diálogo com o filósofo francês Denis Diderot (1713-1784):

> Diderot: Você poderia me dizer o que a existência de um ser sensível significa para tal ser em si?
>
> D'Alembert: Consciência de ser ele mesmo desde o primeiro instante em que ele refletiu até o presente momento.
>
> Diderot: Mas em que essa consciência se fundamenta?
>
> D'Alembert: Na memória de suas próprias ações.
>
> Diderot: E sem essa memória?
>
> D'Alembert: Sem essa memória não haveria 'ele', porque, se ele apenas sentisse existir no momento em que recebe uma impressão, ele não teria uma história conexa de sua via. Sua vida seria uma sequência interrupta de sensações isoladas.
>
> Diderot: Certo. Agora, o que é memória? De onde ela vem?
>
> D'Alembert: De algo orgânico que aumenta e diminui, e às vezes desaparece totalmente.[335]

Note que Diderot conversa sobre memória em relação à consciência. Para outro filósofo da memória, John Locke, a memória é uma parte crucial de sua teoria do *self*. Memória, para ele, é o meio pelo qual podemos assegurar uma continuidade da consciência e assim uma continuidade do *self*: "enquanto qualquer ser inteligente pode repetir a ideia de qualquer ação passada com a mesma consciência que teve disso pela primeira vez, e com a mesma consciência que tem de qualquer ação presente; até então ele é o mesmo *self*".[336] Embora possamos não querer

---
335. Denis Diderot, *Rameau's Nephew and D'Alembert's Dream*, trad. Leonard Tancock (New York: Penguin, 1976), p. 155.
336. John Locke, *An Essay Concerning Human Understanding* (New York: Dover, 1959), vol. 1, p. 451.

concluir que memória é o *único* meio de definir nossa identidade pessoal, a ênfase de Locke sobre a continuidade e a consciência nos leva a um ponto ainda mais importante, a saber: que a conexidade é uma parte importante do nosso senso de *self*. Nosso senso do nosso passado nos oferece um contexto provido de significado, por meio do qual podemos entender e relacionar ao nosso *self* presente.

A memória não apenas nos possibilita relacionar nosso passado ao presente, mas também serve para definir nosso senso de *self* em relação a outros *selves* (outras pessoas). Isso se torna uma preocupação muito importante para Alice. Se Alice não consegue se lembrar de quem é, ela assume que deve ser alguma outra pessoa:

> Eu tenho certeza de que não sou Mabel, pois eu sei todo tipo de coisas e ela, ah, ela sabe bem pouquinho mesmo! Além disso, *ela é* ela, e *eu sou* eu, e – ai, ai! Que confuso é isso tudo![337]

Como Alice, nós temos uma necessidade de entender nossa memória e, consequentemente, nosso próprio *self*. A memória dá forma e é formada pelo nosso senso de *self*. Memórias são profundamente pessoais e, portanto, nos ajudam a nos definir como pessoas, porque as "memórias são um fenômeno altamente subjetivo (ninguém pode lembrar o que eu lembro)".[338] Ao mesmo tempo, é importante para nós lembrarmos que nossa memória do passado é certamente nossa *versão* do passado, e não necessariamente como as coisas realmente aconteceram, absolutamente.

Durante o encontro com o aspirante a filósofo Humpty Dumpty em *Através do Espelho*, Alice é novamente lembrada dessa distinção entre memória, *self* e outros. Como com a Lagarta, a conversa de Alice com Humpty Dumpty se mostra constrangedora, embora extremamente interessante filosoficamente (pelo menos para o leitor):

> "Adeus, até mais ver!", ela disse da forma mais alegre que conseguia.
>
> "Eu não verei mais você se eu já a vi", Humpty Dumpty replicou em um tom bem descontente, estendendo a ela um de seus dedos para que chacoalhasse; "você é tão igual às outras pessoas".[339]

---

337. Carroll, *the Philosopher's Alice*, p. 24.
338. Ender, *Architexts of Memory*, p. 12.
339. Carroll, *The Philosopher's Alice*, p. 198.

Superficialmente, a censura de Humpty Dumpty é seu modo de dizer que Alice é bem entediante e esquecível. Entretanto, também vale notar que, por todas as suas aventuras no País das Maravilhas e Através do Espelho, Alice tem uma tendência a falar de si mesma em segunda pessoa: "pois essa curiosa criança gostava muito de fingir ser duas pessoas. 'Mas é inútil agora', pensou Alice, 'fingir ser duas pessoas!' Pois é, quase nem há o suficiente de mim para fazer *uma* pessoa respeitável!"[340] Esse senso de *self* dividido se relaciona diretamente a outro aspecto da memória: "A memória primeiro nos aliena de nós mesmos a fim de tornar possível que nos resgatemos".[341] Segundo Santo Agostinho (354-430), esse é o "lugar em que eu me deparo comigo mesmo, quando me lembro do que eu fiz, e onde, e quando, e como eu me senti enquanto estava fazendo isso".[342] Há algo estranho sobre o ato de lembrar, quando "deparamos contra" nós mesmos; estamos, na verdade, fazendo de nosso *self* o objeto de nosso raciocínio. As implicações filosóficas desse tipo de autoescrutínio se torna evidente conforme Agostinho segue essa linha de pensamento até a se perguntar sobre a mente que pensa sobre si mesma: "Será que ela se torna sua própria gêmea, por assim dizer, uma fica aqui para observar, e a outra vai para lá para ser observada, de modo que possa permanecer dentro de si quando observando e em frente de si quando é vista?".[343] O hábito de Alice de pensar em si mesma como duas pessoas diferentes na verdade se equipara à mesma divisão do senso de *self* que experimentamos durante o ação da memória.

Lembrar de esquecer

Vou testar se sei todas as coisas que eu costumava saber. Deixe-me ver: quatro vezes cinco é vinte, e quatro vezes seis é treze, e quatro vezes sete é – ai, ai, ai![344]

– Alice

"... e lembre-se de quem você é!"[345]

– A Rainha Branca para Alice

---

340. Ibid., p. 20.
341. Citado em Garry Wills, *Saint Augustine's Memory* (New York: Viking, 2002), p. 12.
342. Saint Augustine, *Confessions*, trad. Garry Wills (New York: Penguin, 2006), p. 219.
343. Saint Augustine, *The Trinity*. Livro 14, Parágrafo 8. In: Wills, *Saint Augustine's Memory*, p. 12.
344. Carroll, *The Philosopher's Alice*, p. 159.
345. Ibid., p. 150.

Se a memória é a base de nossa compreensão do *self*, então o que acontece quando esquecemos? Quando Alice recorre a recursos mnemônicos para testar o que ela lembra a fim de recuperar seu senso de *self*, aqueles dispositivos da memória ironicamente parecem lembrá-la apenas do que ela não consegue lembrar.

"[N]ão, *isso* está tudo errado, estou certa! Eu devo ter me transformado na Mabel! Eu tentarei recitar '*Como pode o pequeno*'" – e ela cruzou suas mãos sobre seu colo como se estivesse dizendo suas lições, e começou a repetir, mas sua voz soava rouca e estranha, e as palavras não saíam do mesmo jeito que costumavam:

'Como pode o pequeno crocodilo
Lustrar sua reluzente cauda
E derramar as águas do Nilo
Sobre cada balança dourada!

Quão feliz ele parece sorrir,
Quão hábil ao abrir sua garra,
E acolhe peixinhos a vir
Gentilmente abrindo a bocarra'

"'Tenho certeza de que não são as palavras certas', disse a pobre Alice, e seus olhos se encheram de lágrimas novamente enquanto ela prosseguia, 'Devo ser a Mabel, afinal!'"[346]

Note o modo mecânico e ritualizado no qual Alice se prepara para recitar seus versos. Esse tipo de memória foi do interesse particular do filósofo Henri Bergson (1859-1941), que acreditava haver duas formas de memória: memórias do hábito ("lembrar como") e memórias de eventos pessoais ("lembrar quando"). Segundo Bergson, "uma vez aprendida uma lição (e tornada um hábito) ela se torna impessoal; eu simplesmente vou em frente e a repito sem pensar nela como algo que é parte da minha vida em particular. Qualquer outra pessoa pode ter aprendido esse material".[347] Alice aborda as coisas de uma maneira diferente; ela tenta usar seu conhecimento impessoal como meio de lembrar seu senso pessoal do *self*. O conselho de Bergson para Alice seria tentar lembrar detalhes pessoais que acompanharam sua memória de "Como pode o pequeno...". A lição do esquecimento de Alice é que o passado pode ser lembrado (ou mal lembrado) de muitas formas.

---

346. Ibid., p. 24-25.
347. Danziger, *Marking the Mind*, p. 165.

Se não conseguimos lembrar quem somos, então quem somos? Na floresta-sem-nomes, Alice se confronta com sua crise existencial quando não consegue se lembrar de seu próprio nome: "E agora, quem sou eu? Eu *vou* me lembrar, se eu conseguir! Estou decidida a isso!".[348] A incapacidade de Alice de lembrar seu próprio nome está ligada a um problema maior de identidade pessoal; como sua pergunta implica, não é apenas de seu nome que ela não consegue se lembrar, mas *quem* ela é. Ainda ao mesmo tempo, o fato de que podemos nos lembrar que estamos esquecendo algo significa que não nos esquecemos totalmente. Como o filósofo Martin Heidegger (1889-1976) notou: "Esquecer completamente... é esquecer de esquecer, desaparecimento do exato desaparecimento, em que encobrimento já está coberto".[349]

O grande filósofo alemão Friedrich Nietzsche (1844-1900) escreveu sobre exatamente esse assunto em um de seus primeiros trabalhos, *Untimely Meditations*. Nietzsche lança dois exemplos para ilustrar suas reflexões acerca do esquecimento: aquele do animal (o gado "não sabe o que significa ontem ou hoje"[350]) e o da criança (que "brinca na bem-aventurada cegueira entre os limites do passado e do futuro"[351]). Coincidentemente, uma criança pequena e um animal são exatamente o que encontramos quando Alice e seu companheiro Fauno perambulam pela floresta do esquecimento. Em suas reflexões sobre o esquecimento, Nietzsche sugere que precisamos nos esforçar para um equilíbrio que nos possibilite ter a perspectiva certa em direção ao nosso passado e presente e, subsequentemente, ao nosso futuro. Isso nos leva a nos perguntarmos sobre nossas próprias assunções naturais. Seria o esquecimento sempre uma coisa ruim? Para o bem e para o mal, todos carregamos memórias das quais gostaríamos de lembrar mais coisas, e também memórias que gostaríamos de lembrar menos. Nietzsche afirma que "é impossível *viver* sem esquecer".[352] Em *Através do Espelho*, o Rei do tamanho de uma peça de xadrez expressa seu choque ao perceber que está sendo levantado no ar por Alice de tamanho normal: "o horror daquele momento!

---

348. Carroll, *The Philosopher's Alice*, p. 159.
349. Citado em Jean-Louis Chrétien, *The Unforgettable and the Unhoped For* (New York: Fordham University Press, 2002), p. 2
350. Friedrich Nietzsche, *Ultimately Meditations* (Cambridge, UK: Cambridge University Press, 1983), p. 60.
351. Ibid., p. 61.
352. Ibid., p. 62.

Eu nunca mais me esquecerei!".³⁵³ A partir disso, devemos considerar que às vezes há ocasiões em que esquecer é mais uma virtude para nós do que lembrar, e assim "é extremamente importante que a felicidade humana exija tanto a capacidade de esquecer e a capacidade de lembrar, porque seres humanos não podem viver sem esquecer aquilo de que podem viver sem lembrar".³⁵⁴

Lewis Carroll, consciente da fugacidade da infância, abre seu segundo livro de Alice com um poema que é notavelmente em tom elegíaco. Como a infância está fadada a se tornar apenas uma coisa na memória, e que memória também é algo que inevitável e inexoravelmente esvai-se, Carroll escreve suas reflexões, "Cujos ecos ainda vivem na memória,/Embora os anos invejosos dissessem 'esqueça'".³⁵⁵ Esquecer é de muitos modos um irônico lembrete de quão valioso nos é lembrar.

Memória, sonhos e imaginação: "Cada vez mais e mais curioso!"

Esquecimento é uma instância do que Sigmund Freud (1856-1939) chamou de "memória alienada": a memória que é parte de nós, mas que de algum modo nos separa de nossas experiências conscientes cotidianas. Freud é especialmente relevante para nossa exploração da memória, pois sonhos são um aspecto significante das aventuras de Alice. Nem sempre nos lembramos dos nossos sonhos, e desse modo "sonhos constituem outro exemplo de memória alienada, porque seu conteúdo pode estar totalmente ou parcialmente disponível depois de acordarmos, enquanto, ao contrário, coisas que foram esquecidas há muito tempo podem ser lembradas em sonhos".³⁵⁶ E claro, os sonhos de Alice são o meio de acesso a ambas suas aventuras, no País das Maravilhas e Através do Espelho.

Sonhos assumem uma importância relevante existencialmente para Alice. Ao encontrar os gêmeos Tweedledum e Tweedledee, Alice nota o Rei Vermelho dormindo sob a árvore, no momento que Tweedledee diz que o Rei deve estar sonhando com Alice e coloca a questão:

---

353. Carroll, *The Philosopher's Alice*, p. 159.
354. Jeffrey Blustein, *The Moral Demands of Memory* (Cambridge, UK: Cambridge University Press, 2008), p. 7.
355. Carroll, *The Philosopher's Alice*, p. 124.
356. Danziger, *Marking the Mind*, p. 106.

"E se ele parasse de sonhar com você, onde você acha que estaria?"

[...]

"Você não estaria em lugar algum. Ué, você é só uma coisa no sonho dele!"

"Se aquele Rei acordar", acrescentou Tweedledum, "você apagaria – puf! – exatamente como uma vela!"

"Não iria!", Alice exclamou com indignação. "Além disso, se *eu sou* apenas uma coisa no sonho dele, o que *você* é, eu gostaria de saber!"...

"Bem, é inútil o *seu* papo de acordá-lo", disse Tweedledum, "quando você é apenas uma coisa no sonho dele. Você sabe muito bem que não é real".

"E *sou* real!", disse Alice, e começou a chorar.

"Você não vai conseguir se tornar mais real chorando", comentou Tweedledee, "não há motivo para chorar".

"Se eu não fosse real", Alice disse, meio rindo entre as lágrimas; tudo isso parecia tão ridículo, "eu não seria capaz de chorar".

"Espero que você não ache que essas lágrimas sejam reais!", Tweedledum interrompeu em um tom de grande desdém.[357]

Alice se torna cada vez mais chateada com a ideia perturbadora de que ela não passe de uma coisa na imaginação de outra pessoa. Nos mundos que Lewis Carroll retirou de sua própria imaginação, a linha entre memória, sonhos e imaginação é incontestavelmente indefinida. Quando lembrar é realmente lembrar, e não simplesmente imaginar que estamos lembrando? A imaginação pode de algumas maneiras servir para preencher as lacunas da nossa memória; mas, intencionalmente ou não, "a imaginação com frequência nos presenteia com um passado que nós desejamos ter vivido, ou com o passado que nós agora desejamos ter vivido".[358] Exatamente como Freud enfatizou o aspecto interpretativo dos nossos sonhos, nossa imaginação e nossa memória requerem uma ação semelhante de interpretação sobre nossas partes. Memória pode nos presentear com um possível significado, mas esse significado ainda deve ser interpretado. Ao interpretar as memórias do nosso passado, estamos

---

357. Carroll, *The Philospher's Alice*, p. 169-170.
358. Anthony Paul Kerby, *Narrative and the Self* (Bloomington: Indiana University Press, 1991), p. 25.

ao mesmo tempo recuperando um senso de nosso *self* daquele passado e moldando nosso *self* atual no presente.

No final de *Através do Espelho* (o último capítulo é intitulado "Quem sonhou isso?"), Alice devaneia: "Vamos pensar sobre quem é que sonhou isso tudo. Essa é uma questão séria... *deve* ter sido eu ou o Rei Vermelho. Ele era parte do meu sonho, claro – mas então eu era parte de seu sonho também! *Foi* o Rei Vermelho?".[359] O livro não oferece nenhuma sugestão de resposta, apenas um convite para todos nós refletirmos sobre essa relação complicada entre sonho, imaginação e memória: "Quem você acha que foi?".[360] Desse modo, somos todos convidados a lembrar que a relação entre imaginação e memória deve ser constantemente aberta à interpretação – da mesma maneira que nos perguntamos sobre os significados dos nossos sonhos, devemos nos perguntar sobre nossas memórias.

A partir da memória do futuro, ou em direção ao passado a partir da memória?

A inversão dos mundos ficcionais de Lewis Carroll nos leva a questões que parecem fora do lugar em nosso pensamento cotidiano. Por exemplo, e se nossas memórias seguissem na direção oposta? Quando Alice encontra a Rainha Branca, sua confusão é aumentada ao perceber como tudo é de trás para a frente:

> "Viver de trás para a frente!", Alice repetiu com grande surpresa. "Eu nunca ouvi algo do tipo!"
> "– mas há uma grande vantagem nisso, que a memória de uma pessoa funciona nas duas direções."
> "Tenho certeza de que a *minha* funciona só em uma direção", Alice comentou. "Eu não consigo me lembrar de coisas antes de elas acontecerem."
> "É um tipo de memória bem pobre a que funciona só para trás", a Rainha comentou.[361]

Como seria um mundo no qual nos lembrássemos de coisas ainda por acontecer? Se esse fosse o caso, talvez devamos nos perguntar o que valorizaríamos mais: a experiência ou a memória da experiência? Ou para inverter a questão – o que é uma experiência para nós sem

---

359. Carroll, *The Philosopher's Alice*, p. 241.
360. Ibid.
361. Ibid., p. 177.

a memória dela posteriormente? Memória de uma experiência precisa de um contexto para que seja significativa para nós – e desse modo, experiência pode ser pensada como um processo contínuo de contextualização, como "um conjunto de caixinhas chinesas, uma se encaixando perfeitamente dentro ou no entorno de outra".[362]

A inversão de como geralmente entendemos a memória nos leva a outro aspecto importante da memória, sua qualidade temporal inerente. Memória é o modo, por definição, no qual nos relacionamos com o passado; é o ponto de encontro entre nosso passado e nosso presente, e o que guia nossa perspectiva de futuro. Segundo Agostinho, memória é a junção entre essas diferentes divisões de tempo: "Não podemos dizer exatamente que o futuro e o passado existem, ou que há três tempos, passado, presente e futuro".[363] Agostinho sugere que é por meio da memória que conseguimos vislumbrar uma compreensão do tempo que é um e o mesmo: "o presente do passado, o presente do presente, e o presente do futuro".[364] Carroll, de modo similar, combina esse senso de *self* passado e futuro, ao notar poeticamente que "somos nada além de crianças mais velhas".[365] A questão então se torna: qual é a relação entre o nosso *self* passado e o nosso *self* presente? Nossa memória, como Locke observou, é dependente de nossa percepção do tempo e do *self*. Pense por exemplo na confusão de Alice quando ela não tem certeza se consegue se lembrar quem é de um minuto (passado) para outro (presente, futuro): "Quão confusas são todas essas mudanças! Eu nunca tenho certeza do que vou ser de um minutou para outro!".[366] Pobre Alice! Ela está desorientada e não pode fazer nada além de se perguntar: se ela é diferente do que ela era antes, quem é ela? Enquanto o passado é uma parte de nossas vidas, a vida em si é um processo, e assim a questão de o que o passado significa para nós deve ser sempre uma questão em aberto. O passado é por definição aquilo que está acabado e se foi e está sempre sendo aumentado, conforme nosso presente se torna passado. Nosso passado e nosso presente são colocados em uma relação de definição mútua – respondemos ao passado, e o passado por sua vez nos afeta.

Alice junta perfeitamente os temas da memória, do tempo e do *self* quando ela comenta: "Eu quase me esqueci de que eu tenho de crescer de

---

362. Kerby, *Narrative and the Self*, p. 16.
363. Augustine, *Confessions*, p. 271.
364. Ibid.
365. Carroll, *The Philosopher's Alice*, p. 124.
366. Ibid. p. 55.

novo!".[367] Nessa ocasião, Alice está se referindo ao fato de que ela estava bem pequena, mas o outro significado – que ela terá de se tornar adulta – é muito revelador. Memória se torna uma metáfora funcional para o País das Maravilhas. Tanto no País das Maravilhas quanto em nossa memória reside um desejo não expresso de que as coisas não mudem, para que nós nos esqueçamos de crescer. Alice, quando presa na casa do Coelho Branco, nota: "E quando eu crescer... mas eu estou crescida agora", ela acrescentou em um tom pesaroso; "pelo menos não tem mais espaço *aqui* para crescer ainda mais".[368]

A memória nos relaciona com nosso passado, nos informa sobre nossa relação com o presente, e determina nossas atitudes em direção ao nosso futuro. Talvez exista um equilíbrio saudável a ser encontrado entre lembrar e esquecer, e Alice claramente tem a ideia certa quando diz: "Mas é inútil voltar para ontem, porque eu era uma pessoa diferente então".[369] Vivemos na memória, e pela memória, mas como Alice nos diz, não precisamos nos incomodar com o pensamento de que a pessoa da qual lembramos ser ontem possa ser diferente da pessoa que somos agora, ou está ainda para ser.

---

367. Ibid., p. 45.
368. Ibid., p. 40.
369. Ibid., p. 100.

Colaboradores

Peões e outras peças: conforme arranjados antes
do começo do jogo

Robert Arp desenvolveu um interesse por ontologia informática, filosofia da biologia e filosofia da cultura popular depois de tolamente ingerir o conteúdo de uma garrafa com o rótulo BEBA-ME na primeira noite que passou em um *pub* da faculdade. Por anos depois disso – e até uma recente intervenção por parte de seus colegas –, seus artigos acadêmicos começavam todos misteriosamente com "Briligava, e os lativos touvos caovavam e escaovavam a encospada". Arp é fundador, antigo presidente e o 33º membro da Jabberwocky Society of America.

David S. Brown é professor associado e titular do Departamento de Filosofia na Lindenwood University. Atualmente, ele está planejando um ano sabático para tentar encontrar a toca certa do coelho e, usando nada além da navalha de Occam, escavar seu caminho até o País das Maravilhas – onde, se seu financiamento chegar, ele vai levar um grupo de matemáticos insanos para jogar bilhar. Ele está fazendo terapia por causa de uma obsessão por derrubar Humpty de cima do muro e fazê-lo cair sobre Richard Dawkins, e então comer tortas sobre os restos mortais gritando "Glória!". Ele às vezes vê Ninguém quando não está olhando.

Richard Brian Davis é professor associado de filosofia na Tyndale University College. Ele também ensina filosofia na Glendon College, York University (Toronto, Canadá). Suas publicações incluem ensaios em *X-Men and Philosohy* e *24 and Philosophy*,* que ele coeditou com Jennifer Hart Weed e Ronald Weed (Wiley, 2007). Davis descobriu

---

*N.E.: Sugerimos a leitura de *X-Men e a filosofia*, de William Irwin, J. Jeremy Winewski e Rebecca Housel, 2009; e *24 horas e a filosofia*, de William Irwin, ambos publicados pela Madras Editora.

recentemente que se você tomar a pílula vermelha e a pílula azul de Morpheus *juntas*, você consegue acordar no País das Maravilhas *e* acreditar no que quer que queira acreditar – tudo deitado na cama. Dá para ser melhor do que isso?

George A. Dunn regularmente leciona um curso intitulado "Philosophy through Pop Culture" na Purdue University em Indianápolis. Um reconhecido especialista em *cylons*, vampiros e mutantes, os artigos de Dunn apareceram em *Terminator and Philosophy* e *Twilight and Philosophy*.* Seu *magnum opus* "Arithmetic, Ambition, Distraction, Uglification, and Derision" foi recentemente aceito para publicação pela prestigiosa Tartaruga Falsa University Press.

Ron Hirschbein começou suas desventuras no País das Maravilhas Nucleares como professor visitante em vários institutos nos *campi* da University of California em San Diego e Berkeley, onde sua pesquisa focou nas abordagens pós-modernas às crises nucleares (ele nunca achou uma metanarrativa de que não gostasse). Ele criou programas de estudos de guerra e paz na California State University, Chico, de onde é semiaposentado. Certa vez quando participou do misterioso e mágico *tour* pelas instalações atômicas americanas na University of New Mexico, ele ousadamente proferiu: "Mas eu não quero ficar junto com gente louca". Sua punição? O consumo forçado de pimenta verde do Novo México, enquanto absorvia radiação residual no campo de teste atômico na Trinity. Isso talvez o transforme num mutante bastante apropriado para o próximo volume de Cultura Pop.

Dennis Knepp ensina filosofia e estudos da religião na Big Bend Community College em Moses Lake, Washington – que deve ter começado como um lago de lágrimas, embora não deva ter um rato falante, muito menos um que tenha vindo com Guilherme o Conquistador. O ensaio "A semiótica vampiresca de Bella" aparece em *Twilight and Philosophy*. Faça mesmo uma visita à sua sala para conversar sobre Alice, ratos ou vampiros. Mas um conselho: não mencione *gatos* – "coisa nojenta, baixa e vulgar!"

Megan S. Lloyd é professora de inglês na King's College em Wilkes-Barre, na Pensilvânia, e autora de *"Speak It in Welsh": Wales and Welsh Language in Shakespeare* e de artigos sobre Shakespeare e performance, teatro medieval e sobre o galês na Inglaterra renascentista. Embora Megan e o Coelho

---

*N.E.: Sugerimos a leitura de *Crepúsculo e a filosofia*, de J. Jeremy Winewski e Rebecca Housel, Madras Editora, 2010.

Branco tenham muito em comum, ela é mais parecida com a Rainha Branca e vive de trás para frente.

Rick Mayock sempre adorou aventuras (ler sobre elas, na verdade) e explicações (mas como diz o Grifo, "aventuras primeiro"). Ele ensina filosofia na West Los Angeles College, e contribuiu em *The Beatles and Philosophy** e *The Office and Philosophy*. Ele gosta mais ainda de charadas que não têm respostas e, como Lewis Carroll, é um fã de trocadilhos infames. Seus alunos dizem que não têm certeza sobre o delfim de suas aulas de filosofia, mas pelo menos, eles dizem, ele nos "torturuga" bem.

Brian McDonald é um conferencista sênior de literatura na Indiana University – Purdue University Indianapolis, onde está se especializando no ensino de clássicos e no desenvolvimento de cursos *on-line*. O amor precoce pelos livros de Alice o preparou admiravelmente para a vida acadêmica. Não apenas o lado computacional de seu trabalho forneceu uma nova apreciação da lógica do País das Maravilhas, mas as experiências de Alice o têm ensinado como evitar debates prolongados com aqueles colegas que são descendentes diretos de Humpty Dumpty. Ontem, ele conseguiu acreditar em quatro coisas impossíveis antes do café da manhã, mas não foi capaz de atingir o recorde da Rainha Branca quando não conseguiu se imaginar como a raiz quadrada de 16. Pouquíssimas pessoas conseguem hoje em dia, você sabe.

Elizabeth Olson obteve seu bacharelado em inglês e filosofia na Oberlin College e seu MBA da Wharton School. Ela escreve, toca violoncelo e cria dois filhos pequenos com seu marido em Minneapolis. Liz espera publicar seu romance em algum momento futuro, por enquanto trabalha como diretora financeira de uma empresa de consultoria com escritórios em Minneapolis, Washington D.C. e Nova York. Sua própria experiência sugere que o mundo corporativo é muito parecido com o País das Maravilhas e, dependendo do dia, ela pensa se não está adotando o papel da Rainha de Copas – ou até mesmo o da Duquesa.

Scott F. Parker mora em Minnesota, onde tudo é grande, especialmente os cogumelos e as lagartas azuis. Parker tem publicado bastante sobre cultura pop e filosofia, incluindo seus ensaios sobre *Lost*, futebol americano, o iPod e golfe. Vizinhos reclamaram recentemente quando ele derrubou o disco da sua antena e substituiu por um longo narguilé. Pois é, Parker não dá a mínima para eles ou para qualquer outra coisa.

---

*N.E.: Sugerimos a leitura de *Os Beatles e a filosofia,* de William Irwin, Madras Editora, 2007.

Brendan Shea é um candidato a Ph.D. na Illinois University e está atualmente trabalhando em uma tese em filosofia da ciência. Ele também contribuiu com um ensaio para *Twilight and Philosophy*. Sua pesquisa para o ensaio no presente volume incluiu numerosas viagens para o País das Maravilhas. Enquanto estava lá, ele mostrou por engano uma cópia do ensaio à Rainha de Copas, que imediatamente o prendeu por "confessar que roubou uma torta". Humpty Dumpty, o defensor público sugerido, o aconselhou a não dizer mais nada.

Tyler Shores é estudante de inglês na University of Oxford. Ele recebeu seu bacharelado em Inglês e Retórica da University of California, Berkeley, onde criou e proferiu por seis semestres um curso chamado "Os Simpsons e a Filosofia" (inspirado no livro homônimo de William Irwing). Tyler também contribuiu para *Heroes and Philosophy*. Ele gasta bastante de seu tempo livre esquecendo sobre coisas que ele deveria se lembrar (ou seria se lembrando de coisas que deveria esquecer?), e perambulando pela Christ Church – onde Lewis Carroll escreveu *As Aventuras de Alice no País das Maravilhas*. Ele jura que já viu um Coelho Branco apressado correndo para algum lugar.

Charles Taliaferro, professor de filosofia em St. Olaf College, é o autor e editor de 11 livros, incluindo *Evidence and Faith* (Cambridge University Press, 2005), e tem contribuído em livros de filosofia e cultura pop como *Lost*, super-heróis, Nárnia e outros tópicos. Ele parece um grande Coelho e está constantemente olhando para seu relógio e dizendo "Ai, ai, ai! Vou chegar bem atrasado!".

Mark W. Westmoreland ensina Filosofia na Penn State-Brandywine e na Neumann College. Seus interesses de pesquisa incluem filosofia continental, teoria racial e filosofia da história e da cultura. Como Alice, Mark geralmente se sente como se estivesse caindo pela toca do coelho. Embora ele nunca saiba que dia é hoje, ele sempre sabe as horas. Não importa a tarefa que esteja diante dele, Mark sempre consegue espaço para sonhar um pouco acordado, sonhos cheios de aventura.

Mark D. White é professor no Departamento de Ciência Política, Economia e Filosofia na College of Staten Island/CUNY, onde ministra cursos combinando economia, filosofia e direito. Suas publicações incluem *Iron Man and Philosophy: Facing the Stark Reality* (Wiley, 2010), *The Thief of Time: Philosophical Essays on Procrastination* (with Chrisoula Andreou; Oxford, 2010), *Watchmen and Philosophy* (Wiley, 2009),*

---

*N.E.: Sugerimos a leitura de *Watchmen e a filosofia*, de Mark D. White e William Irwin, Madras Editora, 2009.

Theoretical Foundations of Law and Economics (Cambridge, 2009) e *Batman and Philosophy* (com Robert Arp; Wiley, 2008).* Atualmente, está escrevendo um livro, coletando e expandindo seu trabalho sobre economia e ética kantiana, mas "é muito difícil com esse Gato idiota sorrindo pra mim o tempo todo".

Daniel Whiting é um conferencista de filosofia na University of Southampton. Suas principais áreas de pesquisa são filosofia da linguagem e filosofia da mente, e ele já publicou uma série de artigos em periódicos internacionais, bem como editou *The Later Wittgenstein on Language* (Palgrave, 2009). Inspirando-se em Tweedledee (ou seria Tweedldum?), Whiting tem tentado convencer seus alunos de que *suas* tentativas de discutir sobre notas são inúteis, pois elas são apenas coisas em seu sonho. Chorar também não vai ajudar. Pois você não acha que são lágrimas de verdade, né?

---

*N.E.: Sugerimos a leitura de *Batman e a filosofia*, de Mark D. White e Robert Arp, Madras Editora, 2008.

Índice remissivo

"Desce, desce, desce":
o que você vai encontrar lá no fundo

A

Abbot, Bud, 82
acrasia, 33
Afro-americanos, condenação criminal de, 73
aion, 161
Alexander, Peter, 78
"alice", 125
Alice, 12
    argumentação e, 128
    contrato social e, 49 – 57
    estratégia nuclear e, 40 – 41
    feminismo e, 15 – 24
    linguagem e, 101 – 111
    memória e, 177 – 189
    nonsense e identidade, 168 – 175
    nonsense e lógica, 61 – 62, 65 – 66, 69 – 71, 73
    origem do personagem de,
    percepção e, 115 – 124
    perspectivismo e, 139 – 149
    procrastinação e, 25 – 36

raciocínio indutivo e, 88 – 89, 91, 93 – 95, 97
tempo e, 151- 162
Andreou, Chrisoula, 32
"antipatias", 101
Apolo, 148
Aquiles, 154 - 158
argumentação, 80, 93
argumento "Wannabe", 27 – 28
Aristóteles, 78, 81
arte, tragédia e, 140, 148 -149
assertividade, em mulheres, 16 -18
assunções,
 argumentação e, 87 - 88
 raciocínio indutivo e, 79
Atenas, 50, 51, 52, 53, 167
Através do Espelho (Carroll), 169 - 170
Auden, W. H. 165 -173

B

Bebê/Porco
 feminismo e, 19 - 21, 22, 23
 nonsense e identidade, 172
 perspectivismo e, 144 -145
 tempo e, 160
Bergson, Henri
 memória e, 205
 tempo e, 154 – 160
Bíblia, 82
"briligar", 105
Broad, C. D., 133
Brodie, Bernard, 39
Bush, George H. W., 46
Bush, George W., 46

"cada vez mais mais curioso",
   linguagem e, 101
   memória e, 185 – 187

C

Carroll, Eugene, 45
Carroll, Lewis, 12
Aventuras de Alice do País das Maravilhas, As como "livro de verão", 170 – 171
informação biográfica, 50 – 51, 75
Jogo da Lógica, O 75 – 76
jogos linguísticos de, 39 – 40, 75
Lógica Simbólica, 79 – 80
nonsense de, 168 – 170, 175
"O que a tartaruga disse a Aquiles", 154 – 155
sobre memória, 183 – 184
   Veja também percepção
categorização, raciocínio e, 81 – 82
causa e efeito, 62, 77
Cavaleiro Branco, 104
Chá Maluco
   feminismo e, 21 – 24
   linguagem e, 40 – 46
   tempo e, 158 – 160
   Veja também os nomes dos personagens individualmente
Chapeleiro Maluco, 21 – 24
   linguagem e, 102, 104, 107
   perspectivismo e, 146 – 147, 148
   raciocínio e, 83
   tempo e, 151, 158, 160
chauvinismo masculino, 21
Cheney, Dick, 46 – 54

nonsense e identidade, 165, 170
nonsense e lógica, 66 – 67, 75, 77
chronos, 160
Chuang Tzu, 129
Churchill, Winston 41
Cícero 168, 174
Cleansing the Doors of Perception (Smith), 133, 134
Clínias (personagem de Platão), 68
Clinton, Bill, 55
Coelho Branco,
    perspectivismo e, 139, 140 – 141
    raciocínio indutivo e, 95 – 96
    tempo e, 153
    teoria do contrato social e, 57
    Veja também "Pela Toca do Coelho"
cogumelos, 125 – 132
    nonsense e lógica, 62
    perspectivismo e, 142 – 144
Cohn, Carol, 37 – 46
Collingwood, Stuart Dodgson, 50 – 51
Confissões (Agostinho), 152
confusão, raciocínio e, 76 – 77
conotação, 72
"Contract with America", 56
Cook, 145 – 146
Coreia do Norte, 55
Costello, Lou, 82
Crise dos mísseis de Cuba, 44
Crítica da Razão Pura (Kant), 153
Críton (Platão), 53
curiosidade,
    nonsense e lógica, 65 – 66, 172 – 174
    perspectivismo e, 149

D

Davidson, Donald, 99 – 100
    sobre lógica e comunicação, 103 – 105
    sobre lógica e regras, 101 – 103, 105 – 111
Dawkins, Richard, 80
Day at the Races, A (Irmãos Marx), 79
Declaração de Independência, 56
raciocínio indutivo e, 88-89
definições (denotação), 72, 80
Deleuze, Gilles, 160 – 161
Dennett, Daniel, 80
Derrida, Jacques, 39
desejo de ignorância, 139, 140, 141
destruição mútua assegurada (MAD), 37 – 44, 46
Deus, tempo e, 152
Diderot, Denis, 180 – 181
Dinah (irmã de Alice)
    feminismo e, 17 – 18 – 24
    perspectivismo e, 149
Diógenes de Sínope 167
Diógenes Laércio, 174
Dioniso, 148, 149
Dionisodoro (personagem de Platão), 68 – 69, 71
Dodô, 146
dogmatismo, 143 – 144
Dois Tratados sobre Governo (Locke), 55 – 56
drogas
    Guerra contra as Drogas, 44
    percepção e realidade, 115 – 116, 126 – 128, 131 – 136
Duquesa, 12
    feminismo e maternidade, 18 – 21, 22 – 23
    linguagem e, 102, 104
    perspectivismo e, 144 – 145, 147

E

"enfeização", 101
enteógenos, 133
epistemologia, 126
Escola de Richmond, 51
Escola de rugby, 51
Esparta, 54, 167
espíritos livres, 141 – 143, 145
Estados Unidos, 38 – 46
estereótipos, feminismo e, 16 – 18
estratégias/estrategistas nucleares, 47 – 48, 37 – 38
    linguagem e jogos, 30 – 40
linguagem e o Chá Maluco, 40 – 46
    Rainha de Copas e, 46 – 47
"Ethics of Elfland, The" (Chesterton), 66 – 67
ética, teoria do contrato social e da, 52 – 53
Eutidemo (Platão), 68 – 69, 70
Êutifron (Platão), 100 – 101
eventos pessoais, memórias de, 183
evolução, percepção e, 120

F

falácias, raciocínio e, 76, 77 – 79, 83, 84
Fat Man (bomba atômica), 40
feminismo, 15
    chauvinismo masculino e, 21, 24
    estereótipos femininos e, 16, 18
Flew, Antony, 80
"Frágil Equilíbrio do Terror" (Wittgenstein), 42
Freud, Sigmund, 185
futuro. Veja tempo

G

Garrafa "Beba-me"
    percepção e, 95
raciocínio indutivo e, 126
Gato de Cheshire, 12
    estratégia nuclear e, 40
    feminismo e, 22
    linguagem e, 104
    nonsense e lógica, 71
    percepção e, 130
    perspectivismo e, 145
    tempo e, 146 – 147, 149
Geach, Peter, 80
Gingrich, Newt, 56
Goldwater, Barry, 46
Great Society War on Poverty, 56
Guerra contra as Drogas, 44
Guerra do Vietnam, 43

H

hábito, memórias do, 183
Haldeman, H. R., 43
Harris, Sam, 80
Haught, John, 80
Hegel, G. W. F., 42
Heidegger, Martin, 184
História da Guerra do Peloponeso (Tucídides), 53
Hitchens, Christopher, 80
Hitler, Adolf, 46, 47, 55
Hobbes, Thomas, 53 – 55, 57
Hume, David, 66

raciocínio indutivo e, 89 – 91
sobre questões de fato, 64 – 65
Humpty Dumpty, 64, 71 – 73
argumentação e, 80
linguagem e, 105, 106
memória e, 181, 182
raciocínio indutivo e, 89, 91 – 96
tempo e, 156
Hussein, Saddam, 46
Huxley, Aldous, 133 – 134, 135

I

idealismo epistemológico, 118 – 121

J

Jogo da Lógica, O (Carroll), 75 – 76
Johnson, Lyndon,

L

Lacaio-Sapo, 18, 79
Lagarta,
língua e, 100, 105
memória e, 177 – 178
nonsense e lógica, 61
percepção e, 121, 126, 131
perspectivismo e, 144 – 145
tempo e, 152
lembrança, memória e, 183 – 185
Lógica Simbólica (Carroll), 75 – 76, 88

M

maternidade, 18 – 21, 22, 23
Míssel Peacekeeper, 40
    "Prefira Seu Veredito!" e, 73 – 74
    proporção e, 70 – 73
    tolerável vs. intolerável, 61 – 63
    Veja também nonsense e lógica

N

nonsense tolerável, 62, 64

O

"O que a Tartaruga Disse para Aquiles" (Carroll), 154 – 155
Ovelha, 108

P

passado. Veja tempo,
"Pela Toca do Coelho" 11
    feminismo e, 8 – 18
    perspectivismo 139 – 141 – 143, 148
percepção, 115 – 116, 125 – 126, 136 – 137
    drogas e, 126 – 128, 131 – 136
permanência do objeto, 93
perspectivismo, 139, 140
Pitágoras, 120
Platão, 53

Pomba, 19 – 20
Popper, Karl, 85
possibilidade, lógica e, 63
preconceitos do filósofos, 143, 145
presente. Veja tempo
preso à realidade, 141, 143
previsão, raciocínio indutivo e, 88, 89 – 91
Priest, Graham, 78
Princesas da Disney, 15 – 16
Principia Ethica (Moore), 30
procrastinação, 25 – 26
proporção, nonsense e, 70 – 73
psilocibina, 134
      Veja também cogumelos
punição, 32

Q

Quine, W. V., 92 – 94, 94 – 96

R

Rawls, John, 56 – 57
Reagan, Nancy, 44
Reagan, Ronald, 46
Retórica do Guarda-chuva, A (Carroll), 51
regras, perspectivismo e, 146, 147
raciocínio indutivo e, 88 – 89
relação de ideias, 64, 90
relógios, tempo e, 158
República (Platão), 167, 174
Rorty, Richard, 41

Rumsfeld, Donald, 46 – 47
Russell, Bertrand, 131

S

Schelling, Thomas, 43, 44
Scowcroft, Brent, 47
separação de poderes, 55 – 56
"set", 134
"simples realidade", 121 – 122, 123 – 124, 146
Slick, Grace, 70
Smith, Huston, 133 – 134
sofistas, 68 – 70
    memória e, 185 – 187
    percepção e realidade, 119, 123 – 124, 127 – 128, 135 – 137
    perspectivismo e, 148
Stalin, Joseph, 55, 73
Stone, I. F., 52
subdeterminação da teoria pela evidência, 92 – 94

T

Teeteto (Platão), 129 – 130
tempo, 95, 151
teorema de Pitágoras, 120
teoria do contrato social, 50 – 51
terrorismo, linguagem e, 42
Theory of Justice, A (Rawls), 56
tirania, nonsense e, 167, 175
tragédia, perspectivismo e, 140 – 141, 148 – 149
Tucídides, 53
Tweedledee, 77 – 78
Tweedledum, 77
    tempo e, 101

U

União Soviética, 45 – 46
unidade orgânica, 27 – 29
Untimely Meditations (Nietzsche), 184
U.S. Department of Defense, 40

W

Watts, Alan, 136
"White Rabbit" (Jefferson Airplane), 70
Wittgenstein Ludwig, 38 – 40, 42
Word and Object (Quine), 94 – 96
Worker Protection for a Nuclear Attack with 30 Minutes (or Less) Warning, 44

Z

Zenão de Eleia, 154 – 158